Alain Sutter

HERZENSANGELEGENHEIT

Alain Sutter

HERZENS-
ANGELEGENHEIT

Giger Verlag

Dieses Buch dient der Information über Möglichkeiten der Gesundheitsvorsorge und Selbsthilfe. Wer sie anwendet, tut dies in eigener Verantwortung. Autor und Verlag beabsichtigen nicht, Diagnosen zu stellen und Therapieempfehlungen zu geben. Die Informationen in diesem Buch sind nicht als Ersatz für professionelle medizinische Behandlung bei körperlichen oder psychischen Beschwerden zu verstehen.

1. Auflage der Taschenbuchausgabe 2021

Telefon 0041 55 442 68 48
www.gigerverlag.ch
Umschlaggestaltung:
Hauptmann & Kompanie Werbeagentur, Zürich
Fotos auf Umschlag und Seite 244: Andrea Diglas
Layout und Satz: Roland Poferl Print-Design, Köln
Printed in EU

ISBN 978-3-039330-28-7

Inhalt

Es ist alles eine Frage der Bedeutung,
die wir den Dingen, Situationen
und dem Leben geben.
Leben wir ein Leben, in dem uns nichts
etwas bedeutet, so ist das Bore-out nicht mehr weit.
Leben wir hingegen ein Leben, in dem wir allem
eine zu große Bedeutung geben,
steht das Burn-out schon vor der Tür.

ALAIN SUTTER, 2016

Einleitung

Es war eines Tages im Frühling, als eine Frau vor ihrem Haus drei alte Männer stehen sah. Sie hatten lange weiße Bärte und sahen aus, als wären sie schon weit herumgekommen.

Obwohl sie die Männer nicht kannte, folgte sie ihrem Impuls, sie zu fragen, ob sie vielleicht hungrig seien und mit hineinkommen wollten.

Da antwortete der eine von ihnen: »Sie sind sehr freundlich, aber es kann nur einer von uns mit Ihnen gehen. Sein Name ist Reichtum«, und deutete dabei auf den Alten, der rechts von ihm stand. Dann wies er auf den, der links von ihm stand und sagte: »Sein Name ist Erfolg. Und mein Name ist Liebe. Ihr müsst euch überlegen, wen von uns ihr ins Haus bitten wollt.«

Die Frau ging ins Haus zurück und erzählte ihrem Mann, was sie gerade draußen erlebt hatte. Ihr Mann war hocherfreut und sagte: »Toll, lass uns doch Reichtum einladen.«

Seine Frau aber widersprach: »Nein, ich denke wir sollten lieber Erfolg einladen.«

Die Tochter aber sagte: »Wäre es nicht schöner, wir würden Liebe einladen?«

»Sie hat recht«, sagte der Mann. »Geh raus und lade Liebe als unseren Gast ein.« Und auch die Frau nickte und ging zu den Männern.

Draußen sprach sie: »Wer von euch ist Liebe? Bitte kommen Sie rein und seien Sie unser Gast.«

Liebe machte sich auf und ihm folgten die beiden anderen.

Überrascht fragte die Frau Reichtum und Erfolg: »Ich habe nur Liebe eingeladen. Warum wollt Ihr nun auch mitkommen?«

Die alten Männer antworteten im Chor: »Wenn Sie Reichtum oder Erfolg eingeladen hätten, wären die beiden anderen draußen geblieben. Da Sie aber Liebe eingeladen haben, gehen die anderen dorthin, wohin die Liebe geht.«

AUTOR UNBEKANNT

Dieses Buch soll ein Plädoyer für mehr Herzlichkeit und Menschlichkeit in unserer doch manchmal etwas verrückten Welt sein. Ich möchte zeigen, dass Herzlichkeit, mit all ihren Herzgefühlen, die wir erleben und zum Ausdruck bringen, uns und unserer Umwelt sehr gute Dienste leisten und uns im Leben eher weiterbringen als Härte, Kampf und Krampf. Herzlichkeit wird vom Leben unterstützt, weil unser Körper von Herzgefühlen profitiert. Diese haben einen großen Einfluss auf unser Befinden, unsere Gesundheit, unsere Lebensqualität, aber auch auf unsere Beziehungen und sogar auf unsere Umwelt.

Drei Jahre sind nun schon vergangen, seit ich mein erstes Buch *Stressfrei glücklich sein* veröffentlicht habe. In diesen drei Jahren durfte ich so allerlei Neues erfahren, was mich immer mehr in meinen Überzeugungen rund um dieses Thema bestärkt hat.

Insbesondere seit ich mit der Lebensfeuer Analyse von Autonom Health, die im Laufe dieses Buches noch erläutert wird, arbeite, ist mir die Wichtigkeit des Herzens so richtig bewusst geworden.

Heute weiß ich, dass Liebe, Herzlichkeit und alle Herzgefühle einen nicht zu unterschätzenden positiven Einfluss auf uns und unser Leben haben, da die Wirkung mess- und damit verifizier- und sichtbar gemacht werden kann.

Ich werde mich in diesem Buch an meinen Vorträgen, die ich über ein stressfreies, glückliches und erfolgreiches Leben halte, orientieren. Es ist für mich quasi eine Erweiterung meines ersten Buches, mit etwas anderen Inhalten, die aber auch immer wieder Bezug darauf nehmen, ohne dass es für die Verständlichkeit notwendig wäre, mein erstes Buch gelesen zu haben. Somit kann auch jede/r Leser/in dieses Buches sich bei Interesse mein erstes Buch im Nachhinein noch zu Gemüte führen, ohne dass mit dem zweiten schon etwas vorweggenommen worden wäre, obwohl ich mich auch immer mal wieder wiederhole.

Das mache ich aus gutem Grund, denn wie ich in der Hypnoseausbildung gelernt habe, braucht es Wiederholung um Wiederholung, damit Inhalte in unserem Bewusstsein und Unterbewusstsein verankert werden können. In der Hypnosesprache nennt man das Compounding.

Ich möchte in diesem Buch zeigen, dass jeder von uns ganz persönlich davon profitieren kann, wenn mehr Menschen auf dieser Welt glücklich, zufrieden und mit mehr Herzlichkeit unterwegs sind. Deshalb habe ich auch dieses zweite Buch geschrieben, gebe Vorträge und Coachings, nicht um anderen zu helfen, sondern um andere zu mehr Herzlichkeit zu inspirieren und ihnen den Sinn und Zweck aufzuzeigen, weshalb es sehr lohnenswert ist, und sie damit nicht nur sich, sondern der ganzen Welt etwas Gutes tun.

Ich möchte zeigen, dass wir nicht warten müssen, bis die Welt sich verändert hat, damit wir glücklich und zufrieden sein können, sondern dass wir sofort selbst dafür sorgen können und es in unseren Händen liegt, die Welt zu einem besseren Ort zu machen, ohne die ganze Welt verbessern und retten zu wollen oder zu müssen. Wir haben die Möglichkeit, es zu erreichen, indem wir nur gut auf uns schauen. Indem wir Dinge, die sich gut für uns anfühlen, immer häufiger machen. Wir entdecken so mehr Freude, Begeisterung und Leidenschaft in unserem Leben, da wir uns immer mehr mit Dingen beschäftigen, die uns etwas bedeuten und uns guttun. Wenn wir es schaffen, Frieden mit uns zu schließen und uns so lieben können, wie wir sind, ist das schon alles, was wir machen müssen, um in einer besseren Welt zu leben.

Die wirkliche Essenz
des menschlichen Wesens ist die Güte.
Es gibt noch andere Qualitäten,
die sich aus der Erziehung, dem Wissen ergeben,
aber wenn man wahrhaft ein menschliches Wesen
werden und der eigenen Existenz
einen Sinn geben will, dann ist es essenziell,
ein gutes Herz zu haben.

DALAI LAMA

Pleasure is Medicine and Love has the Power to Heal

Freude ist Medizin und Liebe hat die Kraft zu heilen

Es gibt nichts, was sich als wahrer herausgestellt hätte als dieser Spruch. Es gibt kein besseres Medikament, als sich mit Dingen zu beschäftigen, die uns und unserem Herzen guttun, die uns am Herzen liegen und uns etwas bedeuten. Und die Liebe scheint tatsächlich heilende Kräfte in sich zu tragen. Mit all meinen Erfahrungen kann ich das mit ruhigem Gewissen niederschreiben, aber muss im gleichen Augenblick auch anfügen, dass dies zu erreichen die wohl größte Herausforderung in unserem Leben darstellt.

Je mehr Menschen diese Herausforderung annehmen und es wagen, diesen Egoismus zu leben, in dem sie alles für sich tun, damit sie glücklich, zufrieden und voller Herzlichkeit sind, desto mehr wird die ganze Welt davon profitieren können. Aber die Welt um uns herum wird immer wieder versuchen, uns ein schlechtes Gewissen einzureden und Ansprüche an uns zu stellen – was wir alles tun sollten oder müssten, und dass wir uns in den Dienst der anderen stellen müssten, um ein guter Mensch zu sein. Glauben Sie mir aber eins, ich mache die Welt zu keinem besseren Ort, wenn ich mich für andere aufopfere, dabei aber selber unglücklich, unzufrieden und schon nach kurzer Zeit ausgebrannt bin.

Es gibt Menschen, die sind dafür geboren, für andere da zu sein, die aber werden ihre Aufgabe von Herzen gern tun, in ihr so richtig aufgehen, aus ihr Kraft und Energie schöpfen und dabei einen großen Bogen um ein Burn-out machen. Solche Menschen sind nicht besser als alle anderen, die für eine andere Aufgabe geboren wurden, wie oberflächlich und bedeutungslos diese für die Welt auch erscheinen mag. Jeder hat seinen Platz, an den er gehört und an dem er sich entfalten kann, den müssen wir aber ganz allein finden, nur unser Herz kennt ihn. Damit wir nun nicht unser ganzes Leben das Gefühl haben, am falschen Platz zu sein und das Falsche zu tun, müssen wir den Mut haben, auf unser Herz zu hören, das uns sagt, was uns guttut und was nicht.

Ich bin in dem Bezug sehr egoistisch und froh darüber, denn ich laufe, obwohl ich mit Menschen arbeite, nicht Gefahr, mich im Helfersyndrom zu verlieren, das sehr schnell im Burn-out endet. Mir ist bewusst, und das möchte ich in diesem Buch auch darstellen, dass es nicht wichtig ist, was ich tue, sondern wie ich es tue. Meine inneren Beweggründe, mein Empfinden bei dem, was ich tue, entscheiden über die Qualität meiner Handlungen, und diese bleiben dem Auge des Betrachters meistens verborgen.

Ein kleines Beispiel, was ich damit meine. Wenn ich mich um meine Eltern, die pflegebedürftig sind, kümmere und ihnen helfe, ihren Alltag zu bestreiten, sodass sie weiterhin noch in ihrem Zuhause leben können, würden viele sagen, das ist aber ein guter Mensch. Was hier jedoch im Verborgenen bleibt, ist der Grund, die Triebfeder meiner

Handlung. Mache ich es, weil ich es von ganzem Herzen will, mit Freude, Begeisterung und Leidenschaft, weil es mir etwas bedeutet, noch viel Zeit mit meinen Eltern zu verbringen und ich jedes Mal mit einem Lächeln und mehr Energie nach Hause fahre, dann mache ich das Ganze nicht für meine Eltern, sondern für mich, dann hat es einen schönen und gesunden Hintergrund. Ich bin deswegen noch lange kein guter Mensch, sondern eher ein Egoist, der sich etwas Gutes tut.

Mache ich das Ganze aber aus einem Pflichtbewusstsein heraus, weil ich glaube, ich wäre meinen Eltern etwas schuldig und es sei meine Pflicht als Kind, für meine Eltern zu sorgen, weil diese ja – als ich Kind war und ihre Hilfe brauchte – immer für mich da waren. Dann werde ich weder mir noch meinen Eltern einen Gefallen tun, denn jedes Mal, wenn ich gehe, wird es mich viel Energie kosten. Mit der Zeit kann ich einen Groll auf meine Eltern und die Situation entwickeln und meine Energie lässt immer mehr nach. Wenn das über einen längeren Zeitraum so weitergeht, kann mich irgendwann ein Burn-out erreichen oder eine andere Krankheit wird sich zeigen, weil mein Organismus einfach nicht mehr in der Lage ist, diese Belastung auszugleichen. Bin ich jetzt ein guter Mensch, weil ich all das auf mich nehme und mich für etwas aufopfere, was ich nicht wirklich gern tue? Was ich eigentlich gar nicht möchte, sondern nur mache, weil ich das Gefühl habe, ich müsste es tun? Auch wenn ich von außen betrachtet etwas Gutes tue, so ist meine innere Haltung, mein Pflichtbewusstsein, das aus einer Fehlinterpretation einer Gegebenheit entsteht, bei meinem Handeln der ausschlaggebende Faktor für die Qualität dessen, was ich mache. Und mit dieser inneren Haltung tue ich niemandem etwas Gutes.

Noch eine kleine Erläuterung zu der Fehlinterpretation. Nach meiner Weltsicht ist kein Kind auf dieser Welt seinen Eltern irgendetwas schuldig und hat diesen gegenüber daher auch keine Verpflichtung. Das aus dem einfachen Grund heraus, dass die Eltern, als sie erwachsen wurden, eine bewusste Entscheidung getroffen haben, ein Kind zu bekommen. Ihnen war bewusst, auf was sie sich da einlassen. Sie nahmen freiwillig die Pflicht auf sich, für dieses Kind zu sorgen, bis es alt genug ist, um sein Leben selber zu bestreiten. Nicht das Kind hat diese Entscheidung getroffen, sondern die Eltern, somit ist auch klar, wer die Verantwortung trägt und wer nicht. Und egal, was die Eltern für ihre Kinder auch tun, ob sie ihnen jeden Wunsch von den Augen ablesen und erfüllen oder auch nicht, die Eltern können später nicht kommen und sagen: Du könntest jetzt auch mal etwas für mich machen, ich habe schließlich auch so viel für dich getan; wegen dir habe ich auf vieles über Jahre hinweg in meinem Leben verzichtet. Ist das nun die Dankbarkeit für all das, was ich für dich getan habe?

Liebe Eltern, das war freiwillig und Teil der Konsequenzen der Entscheidung, die ihr irgendwann einmal in eurem Leben getroffen habt. Euer Kind hat damit nichts, aber auch rein gar nichts zu tun, ihr wart nicht verpflichtet dazu, ihr habt alles freiwillig gemacht, und deshalb ist euer Kind auch moralisch nicht verpflichtet dazu, eure Erwartungen zu erfüllen. Lasst die Kinder frei, wenn sie alt genug sind, und lasst sie ihr Leben leben ohne die moralische Bürde eurer Erwartungen. Eure Kinder haben ihr eigenes Leben, in dem sie frei sein sollten von den Bürden der Vergangenheit, um selbst entscheiden zu können, was sie tun möchten aus Freude und nicht aus Pflichtbewusstsein. Als Vater gibt es für mich nur eines, das ich mir für meinen Sohn wünsche, dass er glücklich und zufrieden ist und so viele schöne Augenblicke wie möglich in seinem Leben genießen kann. Wenn das auch euer Wunsch ist für eure Kinder, dann lasst sie frei ohne moralische Verpflichtung und ohne dass sie euch etwas schuldig sind und euch auf ewig dankbar sein müssen, denn das ist eine große Bürde, die viele mit sich herumschleppen und die für viel Konfliktpotenzial sorgt.

So, nun wieder zurück zu unserem Beispiel. Mache ich all das Gute für meine Eltern nicht aus Freude und nicht aus einem Pflichtbewusstsein heraus, sondern aus Berechnung, damit ich am Ende ihrer Tage ihr ganzes Erbe einstreichen kann und meine Geschwister und der Rest der Familie leer ausgehen, dann hat das noch einmal eine ganz andere Qualität und zeigt, dass man – wie die Indianer so schön sagen – niemanden be- oder verurteilen sollte, bevor man nicht eine Meile in seinen Mokassins gelaufen ist. Noch einmal, unsere innere Haltung entscheidet über die Qualität unserer Handlungen. Das Wie ist wichtiger als das Was, ein Satz, den Sie noch öfter lesen werden in diesem Buch.

Menschen, die schon einmal einen Vortrag von mir besucht haben, werden einige Inhalte dieses Buches bereits kennen. Trotzdem kann es sich auch für sie lohnen, ein Exemplar zu erwerben, da sie hier die Möglichkeit erhalten, den Inhalt in Schriftform bei sich zu tragen, und immer mal wieder einen Blick hineinwerfen können, um das, was im Laufe der Zeit sich vielleicht verflüchtigt hat, wieder aufzufrischen und durch Compounding in ihrem System zu verankern.

Auch dieses Buch ist wie schon mein erstes kein Ratgeber, denn ich bin mit weiteren drei Jahren mehr Lebenserfahrung noch mehr der Überzeugung, dass kein Mensch klug genug ist, um anderen vorzuschreiben, wie sie zu leben haben, so wie dies schon Alexander S. Neill, der Gründer von Summerhill, vor langer Zeit erkannt hat. Viel mehr möchte ich auch mit diesem Buch Impulse geben, die zum Nachdenken anregen, und Inspirationen, die zum Träumen beflügeln, denn meine Überzeugung, dass die Welt vor allem mehr zufriedenere, glücklichere und herzlichere Menschen braucht, ist in meinen letzten drei Jahren ebenfalls noch gewachsen.

Ich selbst und viele meiner Kunden haben mir immer und immer wieder vor Augen geführt, dass kein Erfolg – wie groß er auch sein mag – uns im tiefsten Innern glücklich macht, sondern er hält uns immer mehr in dieser Spirale des Tun-haben-Seins fest, die dieses von Kindesbeinen an gelernte Muster noch tiefer in unser Unterbewusstsein einbrennt. Wir haben so das Gefühl, immer mehr schaffen zu müssen, damit wir immer mehr haben, damit wir endlich jemand sind. Doch dieses Muster, das ich schon im Buch *Stressfrei glücklich sein* beschreibe, führt nie zu dauerhaftem Glück, weil wir immer aus einem Mangelbewusstsein heraus handeln, das die wahre Leere in unserem Innern, die wir mit unserem Tun und Haben füllen wollen, nie erreicht. Weil es auch da nur um die Liebe und Unterstützung geht, die uns in der Kindheit in einigen für das kindliche Bewusstsein wichtigen Momenten gefehlt hat.

»Was für bewegende Worte!

Bei einer Behinderten-Hilfsorganisation in Manresa bei Barcelona packt Bayerns Star-Trainer Pep Guardiola (44) über sein Leben aus. Der Spanier verrät: ›Alles, was ich in meinem Leben tue, tue ich, um geliebt zu werden.‹

Doch Guardiola erzählt noch mehr: ›In meinem Leben und mit meiner Arbeit strebe ich in Wirklichkeit keine Titel an, ich suche Liebe, nichts mehr.‹

Der Bayern-Trainer zählt zu den besten Trainern der Welt. Als Coach holte er bereits 19 Titel (unter anderem DFB-Pokal, Deutsche Meisterschaft, Champions League, Klub-WM), dazu 17 als Spieler.

Liebe ist ihm allerdings viel wichtiger.

Guardiola: ›Ich habe einmal im Artikel einer amerikanischen Pädagogin gelesen, dass ein Kind nicht lernt, wenn es keine Empathie mit dem Lehrenden spürt. Das versuche ich in meiner Arbeit anzuwenden. Oft fühlt sich ein Spieler schlecht, weil er denkt, dass der Trainer ihn nicht mag, und nicht, weil er nicht gut spielt.‹

Und: ›Ich hatte einmal als Trainer einen hervorragenden Spieler, der aber nicht aufs Tor schoss. Wir sind in ein Café gegangen, um zu reden. Nicht über Fußball, sondern übers Leben. Im nächsten Spiel habe der Spieler zwei der vier Tore erzielt.‹ Guardiola: ›Er hat sich als etwas Besonderes gefühlt, weil er sich geliebt gefühlt hat.‹«

Solange uns unsere Muster und die Beweggründe unseres Handelns nicht bewusst sind, können wir nicht wirklich etwas verändern, oder noch deutlicher ausgedrückt, haben wir nicht einmal eine Wahlmöglichkeit. Wenn ein Zug von hinten auf mich zurast und ich nehme ihn nicht wahr, mir ist er nicht bewusst, weder höre, sehe, rieche noch fühle ich den Zug, so wird der Zug mich von hinten überrollen, ich habe keine Chance auszuweichen. Nehme ich den heranbrausenden Zug aber wahr, sehe, höre, rieche oder fühle ich ihn, bin ich mir also bewusst, dass mich bald ein Zug platt machen wird, so habe ich eine Wahl, eine Möglichkeit. Ich kann nun die Entscheidung treffen, zur Seite zu gehen und den Zug an mir vorbeirasen zu lassen. Oder ich treffe die Wahl, stehen zu bleiben und mich von ihm überrollen zu lassen. Erst wenn mir etwas bewusst ist, kann ich eine Wahl treffen, deshalb habe ich auf meiner Businesskarte stehen: »Stressfrei glücklich sein; alles eine Frage des Bewusstseins«.

Bewusstsein ist alles, und die Ironie des Ganzen ist, dass wir in unserer heutigen Zeit immer noch nicht wissen, was Bewusstsein überhaupt ist, wie es funktioniert und wo dieses merkwürdige Ding steckt. Das ist ein Themengebiet, das mich stark interessiert und dem ich schon unglaublich viel Zeit gewidmet habe. Dabei bin ich zu der Überzeugung gelangt, dass es verschiedene Mechanismen gibt, die dafür sorgen, dass uns bei unserem Abenteuer Leben auf der Erde nicht gleich unser gesamtes Bewusstsein zur Verfügung steht, jeder aber die Chance hat, sein Bewusstsein zu vergrößern oder aber auch zu verringern. Aber diese Thematik mit ihren Mechanismen wird in diesem Buch kein Thema sein, frühestens in einem allfälligen nächsten Buch.

Zuerst nehmen wir uns in diesem Buch unser Herz etwas genauer unter die Lupe. Danach soll es in den Kapiteln über Stress und Vergänglichkeit darum gehen, weshalb ich es als sinnvoll und lohnend erachte, wenn wir uns über eine stressfreie Lebensführung Gedanken machen. Dies ungefähr als Kontext für den weiteren Verlauf des Buches.

Danach kommen die fünf Eigenschaften, die es meiner Meinung nach braucht, um stressfrei glücklich und zufrieden mit viel Herzlichkeit durch sein Leben zu gehen. Im hinteren Teil des Buches geht es mit den Kapiteln Herzratenvariabilität/Lebensfeuer und Atmung anhand von Beispielen und Erklärungen darum aufzuzeigen, dass unser Leben eine Herzensangelegenheit ist und alles, was wir aus tiefstem Herzen heraus mit Freude und Begeisterung machen, von unserem Organismus unterstützt und belohnt wird. Am Schluss stelle ich Ihnen noch ein paar Atemtechniken vom HeartMath Institut vor, die Ihnen gute Dienste leisten können bei Ihrem Stressmanagement.

An dieser Stelle noch kurz eine Erläuterung zu den Studien und deren Ergebnissen, die ich in diesem Buch niederschreibe. Wie ich schon in meinem ersten Buch geschrieben habe, wird es den Spruch: Trau keiner Studie, die du nicht selbst gefälscht hast, nicht ohne Grund geben. Deshalb haben für mich wissenschaftliche Studien keine so große Bedeutung. Daher werde ich selbstverständlich nur Studien zitieren, die mit meinen eigenen Erfahrungen übereinstimmen, die für mich also einen Sinn ergeben und die den Inhalt dieses Buches unterstützen. Diese sind also sehr selektiv und subjektiv und sollen so einen Sinn und Zweck verfolgen.

Es gibt immer noch viele Menschen, die Informationen aus wissenschaftlichen Ergebnissen für seriös und glaubwürdig halten. Daher benutze ich diese, sodass der interessierte Skeptiker auch vielleicht den einen oder anderen Denkanstoß erhält und vielleicht sogar inspiriert wird, sich weiter mit der jeweiligen Thematik auseinanderzusetzen und zu schauen, was es da draußen in der Welt noch weiteres Interessantes, Wissenschaftliches zu dem Thema gibt. Die Quelle meiner Überzeugungen, was ich hier niederschreibe, beruht nicht auf Studien, sondern auf meinen eigenen Erfahrungen und Beobachtungen, die ich in meinem Leben gemacht habe, sowie auf den Erfahrungen mit meinen Coaching-Klienten, die ich im Stressmanagement ihres Lebens seit drei Jahren coache und begleite.

Den größten Fehler,
den man im Leben machen kann,
ist, immer Angst zu haben,
einen Fehler zu machen.

DIETRICH BONHOEFFER

Das Herz

Teile deinem Herzen mit,
dass die Angst zu leiden, schlimmer ist
als das Leiden selbst.
Und kein Herz hat jemals gelitten,
wenn es auf der Suche
nach seinem Traum war.

PAULO COELHO

Unser Leben scheint mir – je länger, je mehr – eine Herzensangelegenheit zu sein. Das Herz nimmt auf verschiedenen Ebenen eine zentrale Rolle ein. Das Herz ist das Symbol der Liebe, die ich in meinem ersten Buch *Stressfrei glücklich sein* als unsere Essenz beschrieben habe. Auch ist es, wie ich in meinen Ausbildungen zum HeartMath Coach und Lebensfeuer Professional by Autonom Health gelernt habe, im physischen Bereich ein verlässlicher Indikator für unsere Gesundheit und unser Wohlbefinden. Unser Herz steuert, verbindet, heilt und ist ein genialer Impulsgeber für Körper und Seele. Vielfach wird es nur als Organ, das mit einer Funktion ähnlich einer Pumpe, die unser Blut mit all seinen Nährstoffen und Sauerstoff durch unseren Körper pumpt, angesehen. Doch das ist nur die eine Seite der Medaille, die andere wird aus Gründen der nicht Sichtbarkeit oftmals übersehen. Diese Seite des Herzens, die auf alle inneren und äußeren Impulse reagiert und diese dann im ganzen Organismus ihre Wirkung entfalten lässt, die ganz viel mit unserem Empfinden, Befinden und unserer Lebensqualität zu tun hat, wird zumeist übersehen.

»Man sieht nur mit dem Herzen gut, das Wesentliche bleibt dem Auge verborgen«, das flüsterte bereits der Fuchs dem kleinen Prinzen in der Fabel von Antoine de Saint-Exupéry ins Ohr, als er ihm bei ihrem Abschied ein ganz großes Geheimnis des Lebens verriet. Und das stimmt wohl. Die ganze Geschichte von aus dem Kopf ins Herz scheint mehr als nur eine Metapher und schönes Geschwätz zu sein. Forschungen rund um das menschliche Herz führen Entdeckungen zutage, die zeigen, dass unser Herz über erstaunliche Fähigkeiten verfügt, die den meisten von uns nicht bewusst sind.

Sie zeigen zum Beispiel, dass im Herzen eine neuronale Struktur angelegt ist, die der unseres Gehirnes ähnelt, und dass das Herz ganz deutlich unsere Gehirnfunktionen beeinflusst.

Viele Menschen haben von diesen Entdeckungen noch nie etwas gehört, was überraschend und eigentlich merkwürdig ist. Denn schließlich gilt das Herz in vielen Weisheitstraditionen seit Jahrhunderten als das Zentrum von Gefühlen, Intuition, Weisheit, Leidenschaft und Liebe und als Tor zum eigenen Selbst. Alle Menschen nehmen Gefühle in der Gegend des Herzens wahr, aber wir leben in einer Gesellschaft, in denen die Gefühle des Herzens in die Schublade der Kategorie Illusionen und Fantasien gesteckt werden, und uns weisgemacht wird, dass da nichts ist!

Die Wissenschaft hat aufgeholt und bestätigt immer mehr, was die Weisen schon immer sagten. Neue Studien zeigen, dass unser Herz selbst eine Art Gehirn ist, und erklären sogar, wie es mit dem Kopfhirn kommuniziert und wie es unsere Wahrnehmung und Emotionen beeinflusst. Die Studien geben einen verblüffenden Einblick in die wahre Macht unseres Herzens.

Es gibt eine immer größere Anzahl von Forschern, die sagen, dass das Herz ein sensibles Sinnesorgan, ein hoch entwickeltes Sinneszentrum ist, das eine Fülle an Informationen empfängt, verarbeitet und weitergibt.

Das Herz ist tatsächlich ein zweites Gehirn, wie dies Neurowissenschaftler in den letzten Jahren entdeckt haben. Das hochkomplexe Nervensystem des Herzens enthält, wie sie sagen, etwa 40 000 Neuronen, die ein eigenständiges und vom Kopfhirn unabhängig agierendes Netzwerk bildet, das jedoch über vielfältige Wege in der Kommunikation mit unserem Kopfhirn steht. Über unterschiedliche Nervenbahnen sendet das Herz fortwährend Informationen an das Kopfhirn und beeinflusst dadurch unsere Wahrnehmungen und somit auch unser Wohlbefinden.

Logisches Denken und Lernen findet in der Großhirnrinde statt, sie hilft uns, Probleme rational zu lösen.

Verblüffenderweise stellte man fest, dass das Herz-Gehirn offenbar auch völlig eigenständig »denkt«, also unabhängig von Gehirn.

Das Nervensystem im Herzen ermöglicht es dem Herzen, unabhängig von der Großhirnrinde zu lernen, zu erinnern und Entscheidungen zu treffen. Die Signale, die das Herz ununterbrochen zum Hirn sendet, beeinflusst die höheren Hirnfunktionen, die mit Wahrnehmung, Kognition und der Verarbeitung von Emotionen befasst sind, maßgeblich.

Unter anderem entdeckten die Forscher vom HeartMath Institut auch ein sehr starkes Magnetfeld, das vom Herzen ausgeht: Das elektrische Feld ist etwa 40 bis 60 Mal stärker als das des Hirns, das magnetische Feld sogar bis zu 5000 Mal und kann mit heutigen Messinstrumenten noch mehrere Meter vom Körper entfernt gemessen werden. Man kann davon ausgehen, dass je feiner die Messinstrumente werden, desto weiter wird man sehen, dass sich dieses Feld in den Raum ausdehnt.

Das Herz-Feld pulsiert und sendet komplexe rhythmische Muster durch den ganzen Körper, die eine Vielzahl von Prozessen beeinflussen. Selbst das Hirn synchronisiert sich immer wieder auf diesen elektromagnetischen Puls. Wenn wir uns regenerieren, synchronisieren sich auch Atem und Blutdruck. Das Herz-Feld stellt damit das synchronisierende Signal für den ganzen Körper bereit, auf das wir uns bewusst einstimmen können, um sozusagen in Harmonie mit dem Herzen zu leben.

Daher überrascht es also wenig, dass negative Gefühle ein inkohärentes, also unharmonisches, den Organismus störendes rhythmisches Muster hervorruft. Während Liebe, Freude, Dankbarkeit und alle Herzgefühle, also alle positiven Gefühle, die wir mit dem Herzen assoziieren, ein kohärentes, sehr harmonisches und gleichmäßiges Muster und Feld erzeugen. Dieses kann anhand der Herzratenvariabilität (HRV), über die im weiteren Verlauf des Buches noch berichtet wird, nachgewiesen und sichtbar gemacht werden.

Die Tatsache, dass unser Herz-Feld sich weit in den Raum hinein ausdehnt, zeigt natürlich auch ganz deutlich, welch große Bedeutung diese Erkenntnis nicht nur für unser Wohlbefinden, sondern auch für unsere Beziehungen hat, und dass es daher sehr wichtig für unser Leben ist. Unser Herz, das ja ein Magnetfeld hat, das 5000 Mal stärker ist als das unseres Gehirns, beeinflusst nicht nur unseren Organismus, sondern auch den Organismus anderer Menschen, da es, wie vorher erwähnt, noch mehrere Meter vom Körper entfernt messbar und somit auch wirksam ist.

Die Magnetfelder haben großen Einfluss auf unseren Organismus, im Besonderen auf unser Gehirn. Das zeigt der Bio-Physiker Dieter Broers in seinen Arbeiten. In seinem Film *Solar Evolution* zeigt er unter anderem die Wirkung, die die Magnetfelder – insbesondere die von der Sonne – auf uns Menschen hat.

Ein weiteres Indiz, das darauf hindeutet, dass wir uns gegenseitig beeinflussen, ist, dass sich auch die Gehirne von Menschen während eines Gesprächs so weit synchronisieren, bis die Gehirnwellen völlig identische und deckungsgleiche Muster aufweisen, wie Metronome, wenn sie gemeinsam in einem Raum sind. Sie gleichen sich schon nach kurzer Zeit aneinander an, obwohl sie, wenn sie allein sind, über einen langen Zeitraum ihren Takt halten.

Auch Menschen schwingen sich aufeinander ein, wobei, und das ist gut und wichtig zu wissen, sich immer das stärkste System durchsetzt und alle sich auf dieser Frequenz einpendeln. Wenn der Chef einen guten oder schlechten Tag hat, sind alle davon betroffen. Der Chef kann eine Einzelperson oder eine Gruppe von Menschen sein, die eine ähnliche Grundhaltung haben, die eine einheitliche Grundstimmung oder Atmosphäre erzeugt, welche gemeinhin als Kultur bezeichnet wird. Diese sogenannte Kultur findet sich in Firmen oder Vereinen, aber auch in Bekanntschaften, Freundeskreisen, Partnerschaften, Familien, Gemeinden, Dörfern, Städten, Ländern, Kontinenten und schlussendlich im Globalen wieder.

Wenn wir nun davon ausgehen, dass alles miteinander verbunden ist, dann würde so eine Art globales Bewusstsein entstehen, das jeden und alles auf dieser Erde beeinflusst. Dank dieser Sichtweise würden wir erkennen, wie wichtig dieses Bewusstsein ist, auf dem unser Weltbild gründet und wodurch eine Kultur entsteht, die viel Einfluss auf alles hat.

Dass dem so ist und alles mit allem verbunden ist und sich gegenseitig beeinflusst, könnte die Quantenphysik mit ihrem Phänomen der Verschränkung zeigen. In Experimenten fand man heraus, dass geteilte Elektronen beide – egal wie weit sie voneinander entfernt sind – immer die zeitgleiche synchrone Reaktion zeigten, auch wenn nur ein Teilchen beeinflusst wird, das könnte ein erstes Indiz dafür sein, dass sich alles gegenseitig beeinflusst. Einstein nannte diese Verschränkung: spukie action in a distance und sie war ihm nicht geheuer.

Reden wir nun noch von der Theorie des Urknalls, das ist wirklich nur eine Theorie und keine Wahrheit, denn die Wissenschaft streitet sich noch heute über die Entstehung des Universums. Deshalb halte ich mich hier auch sehr kurz und nehme nur einen Punkt aus dieser Theorie auf, der relevant für den Inhalt dieses Buches ist. Dieser wäre, dass unser Universum aus einer Singularität entstanden sei. Was gleichbedeutend wäre, dass alle Materie aus einem einzigen Etwas entstanden wäre, was mit der Verschränkungstheorie dazu führen würde, dass tatsächlich alles im Universum miteinander verbunden wäre und sich gegenseitig beeinflusst. Wenn dem so wäre, könnten wir zum Beispiel aufhören, die Astrologie zu belächeln, die wir so schnell wie acht- und ahnungslos in die Schublade der Esoterik stecken. Ebbe und Flut sind ja auch davon abhängig, wie viele Tanker im Meer herumschwimmen.

Das globale Bewusstseins-Projekt von Dr. Roger Nelson von der Princeton Universität untersucht ebenfalls dieses Phänomen. Am Anfang stand die Frage, ob menschliches Bewusstsein sensible Instrumente beeinflussen kann. Die Antwort lautete Ja. Als das klar war, fingen die Forscher an, Zahlenzufallsgeneratoren zu Konzerten oder Konferenzen mitzunehmen, und obwohl niemand die Absicht hatte, die Daten zu beeinflussen, die von den Zahlenzufallsgeneratoren produziert wurden, haben sich die Daten ein klein wenig verschoben, sobald eine Gruppe zusammenkam und eine Art Koheränz oder Resonanz in der Gruppe entstand. Sie fragten sich dann, was passiert, wenn die Gruppe größer und weiter voneinander entfernt ist. So kamen sie darauf, die größtmögliche Gruppe, nämlich die Weltbevölkerung, zu messen. Sie verteilten rund 65 Zufallsgeneratoren auf der ganzen Welt, die dauernd in Betrieb sind und Daten produzieren. Sie schauten sich die Daten der Zufallsgeneratoren, die auf der ganzen Welt verteilt sind, bei großen und bedeutenden Ereignissen an, die egal wo auf der Welt geschehen, und tatsächlich erkannten sie anhand der Zahlen der Zufallsgeneratoren, dass diese sich nicht zufällig verhielten, wie man es erwarten konnte, sondern sie wiesen schwache Muster auf. Sie untersuchten zum Beispiel die Daten von 9/11, das ein großes Ereignis darstellt. Und sie sahen, dass die Daten sich hier signifikant veränderten und über einen Zeitraum von zwei Tagen bestehen blieben.

Aber bei der Analyse der Daten fanden sie auch heraus, dass diese schon vier Stunden vor dem eigentlichen Ereignis anfingen, sich zu verändern. Das war für das ganze Forscherteam eine große Überraschung und sie haben keine Erklärung dafür. Da kommt mir direkt der Tsunami von Thailand in den Sinn, bei dem Tiere schon Stunden vor dem Eintreffen der Welle die Flucht ergriffen haben und sich so in Sicherheit brachten. Wir tun all das, was wir nicht erklären können, vielleicht zu vorschnell in die Schublade, das gibt es nicht, das ist Blödsinn und nehmen uns vielleicht so die Chance, unser Weltbild etwas zu vergrößern. Wie etwa, dass Zufallsgeneratoren von etwas beeinflusst werden und so Ereignisse voraussagen können, natürlich nicht was und wo etwas geschieht, sondern nur dass etwas Bedeutendes in der Luft liegt und passieren wird.

Auch anhand von Gebeten könnte man ein Indiz dafür finden, dass alles mit allem verbunden ist. Es gibt zu diesem Thema Studien mit ganz unterschiedlichen Ergebnissen. Die einen zeigen positive, andere negative Ergebnisse, und es gibt auch solche, die keine Wirkung zeigen. Wie kann das sein und wem wollen wir jetzt Glauben schenken?

Für mich mit meinem Weltbild sind unterschiedliche Ergebnisse keine Überraschung, denn je nachdem, wie wir uns bei etwas (hier ein Gebet) fühlen, kann die Wirkung dessen, was wir machen, positive, negative oder keine Ergebnisse erzeugen.

Hier kurz die Erläuterung dazu. Wenn wir auf die bekannte Weise beten, dann erkennen wir bestimmte Umstände in unserem Leben als problematisch an und bitten um göttliches Eingreifen, damit sich etwas ändert. Diese Art des Betens könnte man auf Logik gegründet nennen, sie hat die gleiche Wirkung wie positives Denken, es produziert ganz unterschiedliche Ergebnisse, die mit meinem tiefsten inneren Befinden im Zusammenhang stehen.

Das werde ich Ihnen im Laufe des Buches anhand eines Beispiels meines Klienten und seiner Lebensfeueranalyse – bei der die Herzratenvariabilität über 24 Stunden gemessen wird –, noch genauer aufzeigen. Denn das Wie ist immer wichtiger als das Was. Erst wenn wir nicht nur glauben, etwas Bestimmtes denken zu müssen, sondern dieses Gefühl des Ergebnisses schon im Herzen tragen und davon überzeugt sind, werden wir die gewünschten Resultate erzielen. Denn dann sind unsere Gebete oder Gedanken in Kohärenz (Harmonie) mit unseren Gefühlen, die auf unseren tiefsten Überzeugungen gegründet sind, und dann werden sie ihre ganze Kraft entfalten. Das ist, als ob man eine Lupe zwischen das Sonnenlicht und das Papier bringt, bei dem das Licht der Sonne von der Lupe zu einem intensiven Lichtstrahl gebündelt wird, der die Kraft hat, das Papier zum Brennen zu bringen. Die Energie wird durch den Fokus gebündelt und verstärkt, was seine Wirksamkeit erhöht.

Das Instrument zur Veränderung ist das Gefühl. Schon die alten Weisen haben gewusst, dass die Welt um uns herum Gefühle und Empfindungen widerspiegelt, die wir in uns tragen und die aus den Überzeugungen unserer Sicht der Welt entstehen. Es ist bekannt, dass Gefühle als feinstoffliche Energie unser Immunsystem beeinflussen, und seit Albert Einstein wissen wir, dass jegliche Materie im Grunde Energie ist. Quantenphysiker haben die Wechselwirkungen verschiedener Energien beobachtet und erkannt, dass sogar ihre eigenen Gefühle während eines Experiments dessen Ergebnis verändern können. Deshalb gibt es auch unterschiedliche Ergebnisse zu gleichen Studien, und das Lustige dabei ist, dass immer alle recht haben, aber dazu weiter unten mehr.

Unsere Gefühle dehnen sich auf die Welt um uns herum aus. Genau das passiert auch beim Beten! Unsere Gefühle sind es, die den Kontakt zur Schöpfung herstellen und die Intensität unserer Absicht vermitteln. Gregg Braden schreibt in seinem Buch *Verlorene Geheimnisse des Betens* auf Seite 7 und 8, als er den Abt eines Klosters im Himalaja, der vor ihm im Lotussitz saß, fragte: »Wenn ihr betet, was tut ihr dabei? Wenn wir euch über 14 oder 16 Stunden tönen und chanten hören, dann sehen wir zwar auch die Glocken, die Klangschalen, die Gongs, die Glockenspiele, die Mudren und Mantren, aber was geschieht da in eurem Inneren?«

Die Antwort des Abtes war folgende: »Du hast unsere Gebete nie gesehen, weil ein Gebet nie gesehen werden kann. Was ihr gesehen habt, ist nur das, was wir tun, um das Gefühl in unseren Körpern zu erzeugen. Beten ist fühlen!«

Deshalb kann man auch alle Studien über die Wirkung von Gebeten getrost ignorieren, denn niemand weiß, wie die tiefsten inneren Überzeugungen und die daraus entstandene Gefühlswelt bei den Betenden war. Das aber sind die Faktoren, die die Ergebnisse beeinflussen und nicht der Akt des Gebets, das ist nur eine Technik, die dazu genutzt werden kann, um ganz bestimmte Gefühle zu erzeugen. Denn wenn jemand aus Angst, Verzweiflung und Sorge für jemanden betet, wird er genau diese Energie dem Betroffenen zukommen lassen, und dann können sich auch negative Ergebnisse zeigen, denn die Beeinflussung geschieht nicht durch den Akt des Gebetes und seiner Worte, sondern durch die Qualität der Gefühle, die aus unseren tiefsten Überzeugungen entstehen und gesendet werden.

Das ist auch der Grund, weshalb es Studien gibt, die belegen, dass Beten einen positiven Einfluss hat, und andere, die belegen, dass Beten nichts nützt oder sogar Schaden zufügen kann. Und obwohl die vielen Studien unterschiedliche Resultate ergeben, haben sie doch alle recht, denn wir leben nicht in einer Entweder-oder-Welt, sondern in einer Sowohl-als-auch-Welt! Solange wir aber die falschen, unwichtigen Parameter messen – bei diesem Beispiel das Beten, eine Technik – und nicht das Wesentliche, nämlich die Gefühlswelt, das Empfinden, werden wir immer unterschiedliche Resultate zu gleichen Themen bekommen. Damit kann das Paradigma der Entweder-oder-Welt die Verwirrung der Menschen aufrechterhalten und dafür sorgen, dass keiner so recht weiß, was jetzt Sache ist, und wir uns dann miteinander anhand von dem, was wir glauben wollen, über die Wahrheit streiten können.

Dass es darum geht, wie wir uns fühlen, und das der einzig relevante Parameter ist, sehe ich täglich in meiner Praxis anhand der Lebensfeuermessung, die ich mit meinen Klienten mache. Dabei führt der Klient ein Tagesprotokoll, das dann mit seinen Daten aus der Lebensfeuermessung verglichen wird. Bei der Auswertung sieht man, wie sich der Klient bei den jeweiligen Dingen gefühlt hat. Und es zeigt sich immer wieder, dass die innere Einstellung zu dem, was wir machen, den Organismus positiv oder negativ beeinflusst. Aber auch dazu später mehr.

Ein weiteres Beispiel, das uns zeigen kann, dass alles mit allem verbunden ist, ist der Maharishi-Effekt: Im Jahr 1974 entdeckten Wissenschaftler, dass in vier Städten im mittleren Westen der USA, in denen 1 Prozent der Bevölkerung die Transzendentale Meditation erlernt hatte, die Kriminalitätsrate zu sinken begann.

Angeregt durch dieses Ergebnis untersuchte man daraufhin in einer wissenschaftlichen Studie systematisch elf Städte, in denen bis 1972 mindestens 1 Prozent der Bevölkerung mit der Praxis der Transzendentalen Meditation begonnen hatte. Diese Studie und weitere wissenschaftliche Untersuchungen haben ergeben, dass in Städten und Ortschaften der Trend wachsender Kriminalität umgekehrt wird, wenn dort lediglich ein Prozent der Bevölkerung die Technik der Transzendentalen Meditation ausübt, ein Anzeichen für wachsende Ordnung und Harmonie.

Wissenschaftler nannten dieses Phänomen Maharishi-Effekt, da Maharishi Mahesh Yogi diese Auswirkung schon 1960 vorausgesagt hatte. Der Maharishi-Effekt bestätigt das Prinzip, dass das Bewusstsein des Einzelnen einen Einfluss auf das kollektive Bewusstsein hat.

Ein weiteres Beispiel hierfür ist die Studie über die Auswirkungen Transzendentaler Gruppenmeditation zur Verhütung von Gewaltkriminalität in Washington, D.C. vom Juni bis Juli 1993:

Diese Studie stellt die Ergebnisse eines Experimentes dar, zu dem sich eine Gruppe von etwa 4000 Ausübenden der Transzendentalen Meditation in der Zeit vom 7. Juni bis 30. Juli 1993 in Washington, D.C. versammelte. Dem Experiment lag die Hypothese zugrunde, dass während des Projektes das Ausmaß von Gewaltkriminalität als Ergebnis des Gruppeneffektes von wachsender Kohärenz und reduziertem Stress im kollektiven Bewusstsein des Bezirks Columbia deutlich zurückgehen würde. Ein Gremium von 27 Projektbeobachtern, das sich aus unabhängigen Wissenschaftlern und führenden Persönlichkeiten des Bezirks zusammensetzte, genehmigte das Protokoll zur Durchführung und überwachte den Ablauf des Versuches. Die wöchentlichen Verbrechenszahlen wurden den Statistiken des District of Columbia Metropolitan Police Department (DCMPD) entnommen. Die statistische Analyse berücksichtigte die Auswirkungen von Wetterveränderungen, Tageslicht, früheren Kriminalitätstendenzen und jährliche Schwankungsmuster im Bezirk von Columbia ebenso wie Tendenzen in den benachbarten Städten. Die Daten aus dem Jahr 1993 ergaben einen signifikanten Rückgang der Gewaltstraftaten während der Versuchsperiode; der Rückgang stand im Zusammenhang mit der Gruppengröße. Der höchste Wert für die Verminderung der Gewaltstraftaten betrug 23,3 Prozent. Weitere Untersuchungen ergaben, dass die Wirkung der kohärenzschaffenden Gruppe auf den Rückgang der Gewaltstraftaten nicht auf zusätzliches Polizeipersonal zurückzuführen war. Die Wirkung war kumulativ, in Relation zur Gruppengröße und hielt nach der Beendigung des Demonstrationsprojektes für eine gewisse Zeit noch an. Des Weiteren prognostizierte eine Berechnung, dass eine permanente Gruppe von 4000 kohärenzschaffenden Experten eine Langzeitwirkung im Bezirk Columbia haben würde, wodurch sich die Gewaltstraftaten um 48 Prozent reduzieren würden. Es scheint wirklich alles mit allem verbunden zu sein und das stärkste System gibt den Ton an.

Maharishi (1978) betonte, dass eine Gesellschaft durch die Qualität ihres kollektiven Bewusstseins charakterisiert ist, das aus dem kumulierten Bewusstsein jedes einzelnen

Gesellschaftsmitgliedes entsteht und umgekehrt wieder das individuelle Verhalten beeinflusst. Zunehmender Stress im Leben des Einzelnen erhöht den Stress im kollektiven Bewusstsein, was sich in Gewalt, Kriminalität und anderen sozialen Problemen widerspiegelt. Umgekehrt beeinflusst eine Anhebung der Ebene von Harmonie im kollektiven Bewusstsein das individuelle Verhalten positiv und stellt so ein praktisches Mittel zur Verbesserung der Lebensqualität der Gesellschaft und zur Lösung hartnäckiger sozialer Probleme dar.

Das ist ein gutes Beispiel dafür, dass die Liebe die stärkste Kraft in unserer Welt ist, wenn nur ein Prozent der Bevölkerung, die sich auf ihr Herz fokussiert, imstande ist, die Gewalt- und Kriminalitätsrate signifikant zu senken, weil ihr Bewusstsein in ihrem Umfeld für mehr Kohärenz (Harmonie) sorgt. Das sollte allen, die sich eine bessere Welt wünschen, Mut machen, das Ganze in die eigenen Hände zu nehmen, indem sie sich auf sich selbst konzentrieren und schauen, dass sie mehr Kohärenz, Harmonie und Liebe in ihr Leben bringen. Wie es aussieht, kann jeder Einzelne von uns einen Unterschied ausmachen, weit über das hinaus, was die meisten zu glauben wissen. Denn es wird immer stärker sichtbar, dass mit mehr Herzlichkeit, aus der mehr Kohärenz, mehr Harmonie entsteht, wir nicht nur für uns etwas Gutes tun, sondern auch für unsere Umgebung.

Von einem anderen Standpunkt aus betrachtet, sieht es so aus, als wären die vermeintlich größten Egoisten, die gut auf sich schauen, in Tat und Wahrheit die Menschen, von denen die Gemeinschaft den größten Nutzen hat. Auch wenn sie nicht jeden Blödsinn mitmachen und nicht immer das tun, was wir gern von ihnen hätten, und sie sich nicht immer so verhalten, wie wir es von ihnen erwarten. Wenn wir lernen würden, unseren Fokus in unserem Herzen zu halten, was zu einem Wohlgefühl der Liebe und Zufriedenheit führt – auch wenn von außen daran gezogen wird –, würden wir stärker werden und unser Einfluss auf die Welt würde sich vergrößern. Die Menschen in der vorangegangenen Geschichte haben dies mit Transzendentaler Meditation gemacht und dadurch gelernt, ihren Fokus in ihrer Mitte zu halten, was zu einem Wohlgefühl der Liebe und Zufriedenheit führt, was wiederum ihr System stärker machte: Daher hatten im Vergleich nur wenige Personen einen großen Einfluss auf viele.

Wer bis jetzt alles verstanden hat, weiß, dass jetzt nicht jeder die Technik der Transzendentalen Meditation lernen muss, um seinen Fokus besser in seiner Mitte zu halten, um ein Wohlgefühl der Liebe und Zufriedenheit zu erzeugen, um sein System zu stärken, sondern dass es nur eine Technik von ganz vielen ist, so wie auch viele Wege nach Rom führen. Im Zustand der Meditation befinden wir uns auch, wenn Ruhe in unseren Gedanken- und Gefühlswelten herrscht und sich alle Widerstände auflösen. Wir befinden uns in friedvoller Ruhe und gleichzeitig herrscht eine außergewöhnliche Wachheit und Klarheit mit einer völligen Präsenz bei dem, was im momentanen Augenblick geschieht.

Beispielsweise erzeugte Fußballspielen in mir einen meditativen Zustand, der mein ganzes System stärkte. Ich habe das Gefühl, dass ich genau deswegen das Fußballspielen so sehr liebte. Es geht also darum, etwas zu tun, das in uns diesen meditativen Zustand auslöst, mit welchen Werkzeugen wir das erreichen, ist egal. Ob das nun Meditation, Fußball, Yoga, Tennis, Reiten, Joggen, Malen, Surfen, Kochen, Wandern, Putzen, Schwimmen oder was auch immer ist, spielt keine Rolle. Es muss einfach etwas sein, das wir von Herzen gern machen und das uns etwas bedeutet, in dem wir voll und ganz aufgehen. Denn noch einmal: Pleasure is medicine and love has the power to heal. Machen Sie mehr von dem, was Ihnen guttut und Sie tun Gutes für die Welt!

Der Hundertste-Affe-Effekt

Das ist ein weiteres Beispiel, das zeigen könnte, dass tatsächlich alles mit allem verbunden ist und ab einer bestimmten Stärke des Systems alle anderen davon beeinflusst werden. Es könnte zeigen, dass so etwas wie ein Feld besteht, über das wir alle miteinander verbunden sind, das Rupert Sheldrake als morphisches Feld bezeichnet.

Wissenschaftler sind vor den Kopf gestoßen. Eine bestimmte Gen-Mutation, die Fruchtfliegen gegen das Insektizid DDT immun macht, hat sich inzwischen fast über die ganze Welt ausgebreitet – und zwar auch in Gebiete, in denen DDT gar nicht eingesetzt wurde. Laut dem Wissenschaftsmagazin *The New Scientist* vom 5. Oktober 2002 hatte man entdeckt, dass die Drosophila-Fliegen an der Westküste Afrikas eine Resistenz gegen DDT entwickelt haben. Seit 1945 wurde in diesen Regionen das Gift DDT eingesetzt, um die Ernten vor den Moskitos zu schützen. Das Gift tötete aber auch die Fruchtfliegen. Etliche Wissenschaftler der Universität von Bath in England untersuchten daraufhin 75 Laborstämme von Fruchtfliegen, deren Vorfahren in den Sechzigerjahren aus aller Welt eingesammelt worden waren. Viele dieser Fliegen waren bei dieser Untersuchung gegen DDT immun, obwohl sie und ihre Vorfahren niemals mit dem Gift in Berührung gekommen waren. Die entsprechenden Fliegen stammten aus allen Kontinenten und wiesen alle die exakt gleiche Genveränderung auf. Eine Erklärung für diese Mutationen haben die Wissenschaftler nicht. Rupert Sheldrake prägte hierfür den Begriff der »morphogenetischen Felder«. Andere sprechen schlicht vom Gesetz des Hundertsten Affen: Diese Bezeichnung geht auf eine Affenpopulation zurück, die auf einer kleinen japanischen Insel lebte. Dort fraßen die Affen Kartoffeln, an denen noch Erde klebte.

Eines Tages beobachteten Forscher jedoch, wie einige junge Affen begannen, die Kartoffeln zuerst am Strand im Wasser zu waschen, bevor sie sie verzehrten. Mit der Zeit übernahmen auch die älteren Affen diese Angewohnheit, bis schließlich immer mehr Tiere jener Inselpopulation ihre Kartoffeln wuschen. Und dann geschah das »Wunder«: Plötzlich – mit einem Schlag – begannen nun auch die Affen auf anderen Inseln ihre Kartoffeln zu waschen, ohne dass sie ein unmittelbares Vorbild dafür gehabt hätten, weil die einzelnen Affenstämme durch das Meer völlig voneinander getrennt waren. Wie ist so etwas möglich? Der Verhaltensforscher Rupert Sheldrake erklärte es mit den sogenannten morphogenetischen Feldern: Das sind feine, unsichtbare Energiefelder, mit denen die Affen (oder irgendeine andere Tierart) untereinander verbunden sind. Wenn nun genügend Affen ihre Kartoffeln in Wasser waschen, wird diese energetische Information so stark, dass sie über diese morphogenetischen Felder plötzlich an alle anderen Affen übertragen wird – die dann auch entsprechend reagieren. Doch damit das geschehen kann, muss der neue Impuls stark genug sein, es müssen genügend Affen daran beteiligt sein. Es reicht also im übertragenen Sinne nicht aus, wenn 99 Affen ihre Kartoffeln waschen, denn dann geschieht noch nichts. Doch wenn nun gleichsam der Hundertste Affe seine Kartoffeln zu waschen beginnt, ist die energetische Information stark genug und wird an alle Tiere übertragen, die innerhalb dieses dieses morphogenetischen Feldes leben.

Das Gesetz des Hundertsten Affen wirkt selbstverständlich auch bei uns Menschen. Deshalb ist die Bewusstseinsarbeit eines jeden Einzelnen so wichtig. Wenn sich im Bewusstsein der Menschen etwas Neues, Besseres festsetzen soll, dann ist, wie man weiß, aller Anfang schwer. Je mehr Menschen aber dafür gewonnen werden können, desto schneller geht es – obwohl sich die entsprechende Veränderung im Physischen noch nicht manifestiert, man also das Gefühl hat, es passiere ja gar nichts. Dabei ist es wie mit einer unsichtbaren Waage: Die Waagschale ist noch stark zum Negativen hingeneigt. Aber mit jedem guten Impuls legen wir gleichsam ein Steinchen auf die Waagschale des Positiven. Die Waage verändert sich zunächst unmerklich; eine sichtbare Veränderung gibt es indes nicht, solange die negative Waagschale noch voller ist. Irgendwann aber fällt der entscheidende kleine Stein, der das Gleichgewicht zum Kippen bringt – und in diesem Moment ist die Veränderung plötzlich sichtbar da. Es ist jene imaginäre Schwelle des Hundertsten Affen, welche die Veränderung sichtbar werden lässt. Doch alle vorausgegangenen Bemühungen waren notwendig, damit man überhaupt an den Punkt kommen konnte, an dem der Hundertste Affe die Waggschale zu beeinflussen imstande war.

Somit ist es wichtig, dass wir mit unserem Herzen verbunden bleiben, um mehr Herzlichkeit in unser System und so auch in die ganze Welt zu bringen. Wenn wir uns auf diesem Weg nicht entmutigen lassen, auch wenn noch keine Veränderung sichtbar ist, wenn wir nur hartnäckig genug dranbleiben, werden wir mit anderen zusammen eine positive Veränderung bewirken – und die kann unter Umständen ebenso plötzlich eintreten wie eine DDT-Immunität von Fruchtfliegen.

Obwohl die exakte Zahl 100 variieren mag, dieses Hundertste-Affen-Phänomen bedeutet, dass, wenn nur eine beschränkte Zahl von Individuen einen neuen Weg kennt, es dann ein Bewusstseins-Besitz nur dieser Individuen bleibt. Wenn jedoch eines oder mehrere zusätzliche Individuen dieses neue Bewusstsein erreichen, dann wird das Feld gestärkt, und das System (die Energie) ist stark genug und erreicht eine kritische Masse, die von da an das Verhalten aller beeinflusst.

Deshalb ist es gut, dass Liebe die stärkste Energie im Universum ist und die Kraft hat, alles zu verändern. Sie brauchen nur einen Funken Licht, um einen dunklen Raum zu erhellen, und das ist gut so und gibt in Zeiten wie unserer Hoffnung, dass, wenn auch nur ein kleiner Teil sich mit der größten Kraft im Universum verbindet, diese einen großen Einfluss auf alle anderen haben. Ein weiterer Grund, um mehr Herzlichkeit in unserem Leben zu integrieren.

Wenn man sich das alles vor Augen führt, könnte man fast zum Schluss kommen, dass auch Therapieresultate womöglich nicht nur mit dem, was man macht, zusammenhängen, sondern vielleicht sogar viel mehr mit dem, wie man es macht.

In Studien wurde beobachtet, wie die Synchronisation von Gehirnwellen, Herzfrequenz und Hautwiderstand zwischen Therapeuten und Klienten in Therapiesitzungen vonstattengehen. Die Nervensysteme synchronisierten sich, auch wenn kein physischer Kontakt stattfand, alle Werte schwangen sich im Laufe des Gesprächs aufeinander ein. Forscher sagen, dass es wirklich fast unheimlich ist, wenn man sieht, wie all die Graphen sich langsam übereinanderlegen, wenn sie sich synchronisieren, und dass, wenn wir in diesem Moment der Einheit sind, plötzlich der Scheitellappen des Gehirns anfängt, rege Aktivität zu zeigen, und wenn das passiere, wir Körper auf einer tieferen Ebene lesen könnten.

Bei Videoaufzeichnungen zeigte sich eine deutliche Veränderung der Körpersprache im Moment der Synchronisation und eine Veränderung des Fokusses in den Augen. Um den Effekt hervorzurufen, sei nichts weiter nötig, als sich dem Gesprächspartner entspannt zu öffnen und mit unserer ganzen Aufmerksamkeit anwesend zu sein.

Für die Forscher ist es noch immer faszinierend zu sehen, wie unsere Energien miteinander interagieren und unsere Gehirne und Körper beeinflussen, indem wir einfach nur hier sind.

Wenn jetzt der Therapeut das stabilere System hat, wird der Patient automatisch davon profitieren, egal was der Therapeut macht. Könnte das erklären, warum einige Therapeuten mit der gleichen Methode mehr oder weniger erfolgreich sind als ihre Berufskollegen? Vielleicht ist nicht entscheidend, was gemacht wird, sondern wer es wie macht?

Das HeartMath Institut hat diese Forschungen noch erweitert und ist überzeugt, dass das Herz bei diesem Prozess eine wichtige Rolle spielt.

Experimente am HeartMath Institut haben bemerkenswerte Hinweise darauf geliefert, dass das elektromagnetische Feld des Herzen Informationen zwischen Menschen übertragen kann. Sie konnten einen Austausch von Herz-Energie zwischen Individuen messen, die bis zu 1,5 Meter voneinander entfernt waren. Die Ergebnisse dieser Versuche haben sie veranlasst zu folgern, dass das Nervensystem als eine Art »Antenne« fungiert, die auf die elektromagnetischen Felder eingestimmt ist, die von den Herzen anderer

Individuen erzeugt werden und auf diese reagiert. Sie glauben, diese Fähigkeit zum Austausch von energetischen Informationen ist eine angeborene Fähigkeit, die das Gewahrsein erhöht und wichtige Aspekte wahrer Empathie und Sensibilität für andere vermittelt.

Das ist eine weitere spannende Ebene des Herzens, aber auch biologisch tut das Herz weit mehr, als nur zu pumpen: In den Achtzigerjahren wurde das Herz erstmals als eine Hormondrüse klassifiziert. Im Nervensystem des Herzens werden – genau wie im Gehirn – verschiedene Neurotransmitter und Hormone ausgeschüttet, die Einfluss auf den ganzen Körper haben.

Die wissenschaftlichen Forschungen zeigen ein klares Bild: Das Herz ist ein intelligentes System, das unabhängig vom Gehirn Informationen verarbeitet und seine Botschaften physisch, chemisch, elektromagnetisch und neuronal an Hirn, Körper und Umwelt übermittelt und diese uns auf allen Ebenen beeinflussen.

Hat der schlaue Fuchs mit seinem Lebensgeheimnis, das er dem kleinen Prinzen bei seinem Abschied mitgab, also tatsächlich recht? Und sehen wir tatsächlich das Wesentliche nur mit dem Herzen richtig, wobei den Augen das Wesentliche verborgen bleibt? Das würde nebenbei auch all den Indianern, weisen Männern/Frauen, Meistern und Gurus, die uns seit Hunderten von Jahren raten, dem Herzen zu folgen, recht geben. Zumindest kommen wir scheinbar dem Mysterium des Herzens immer näher, jenem Ort, der so nah sein soll bei Gott, der die Welt mit dem Absoluten verbindet und die Erde mit dem Himmel.

Das ganze Universum
ist im Körper enthalten,
der ganze Körper im Herzen.
So ist das Herz der Kern
des ganzen Universums.
RAMANA MAHARSHI

In fast allen Kulturen gilt das Herz als Ort von Wissen und Weisheit, in der die Seele verankert ist und in dem Himmel und Erde sich verbinden. Das Herz gilt seit jeher als intelligente Instanz.

Das alles ist nichts Magisches. Es ist etwas, wofür der menschliche Organismus gebaut ist. Die Forschungen zeigen, dass wir die Fähigkeit haben, Menschen auf einer tieferen Ebene zu verstehen. Sich dessen bewusst zu werden, kann der Schlüssel zu erfolgreichen Beziehungen und vielleicht sogar von Therapien sein und unser Miteinander auf eine neue Ebene bringen. Denn genau das erfahren die Forscher auch immer mehr. Sie kommen den alten Weisen also immer ein Stückchen näher.

Gerade kommt mir eine Geschichte in den Sinn, die ich irgendwann einmal gehört habe: Ein Forscher, der endlich das Geheimnis des Lebens gelüftet hatte und am Gipfel des Berges angekommen war, voller Stolz und im Glauben, dass er der Erste sei, der diesen Berg bezwungen hatte, entdeckte dort zu seiner Überraschung und seinem Erstaunen den weisen Alten, dem er bereits am Start seiner Reise begegnet war. Er hatte ihn hochnäsig und mit einem mitleidigen Lächeln links liegen gelassen, ob seiner naiven und unwissenschaftlichen Behauptungen, die dieser von sich gab. Nun wurde er von diesem freudig mit einer herzlichen Umarmung in Empfang genommen: »Freut mich außerordentlich, dass auch du endlich angekommen bist.«

Das Spannende dabei ist ja, dass wir sehr rational und verstandesorientiert aufwachsen und natürlich auch dementsprechend geprägt werden und daher ein Weltbild mit uns herumtragen, das uns klar und deutlich sagt: Ich glaube nur, was ich sehe. Dieses Weltbild stellen wir nie infrage und alles andere gehört in die Welt der Illusionen und Fantasien, die jeglicher Realität und Wahrheit entbehrt und eher einem Wunschdenken entspricht. Doch nehmen wir uns die Realität einmal etwas genauer unter die Lupe, so entdecken wir vielleicht, dass wir mit unserem bestehenden Weltbild nur einen ganz kleinen Ausschnitt dessen wahrnehmen, was in Tat und Wahrheit vorhanden ist. So sehen wir beispielsweise nur 8 Prozent des gesamten Lichtspektrums, was uns für die restlichen 92 Prozent, die existieren, blind macht.

Hinzu kommt noch, dass unser Universum aus 5 Prozent sichtbarer Materie, 27 Prozent dunkler Materie und zu 68 Prozent aus dunkler Energie besteht, die wir nicht sehen und zum Teil noch nicht einmal messen können. Aber Forscher haben durch Beobachtung von Abläufen herausgefunden, dass da noch etwas sein muss.

Rational zu sein heißt, sich an Fakten zu halten – wie um alles in der Welt kann jemand behaupten, es sei rational und vernünftig, dass nur das, was wir sehen, existent ist? Alle anderen, die »glauben«, da gebe es noch mehr, seien Fantasten, Träumer, Scharlatane …, die man nicht ernst neh-

men kann. Oder behauptet etwa jemand vollen Ernstes, dass, wenn er das Fernsehprogramm von SRF2 sieht, alle anderen Fernsehsender nicht existieren?
Das Herz spricht eine andere Sprache und zeigt uns, dass da noch mehr ist, als wir sehen. Unser Herz kann unser Kompass in unserem Leben sein, der uns sicher und heil auf unserer Reise durch ein unbekanntes Land führt.

Die wirkliche Essenz des menschlichen Wesens ist die Güte. Es gibt noch andere Qualitäten, die sich aus der Erziehung, dem Wissen ergeben, aber wenn man wahrhaft ein menschliches Wesen werden und der eigenen Existenz einen Sinn geben will, dann ist es essenziell, ein gutes Herz zu haben.

DALAI LAMA

Weshalb ein gutes Stressmanagement sinnvoll ist

Es ist unmöglich zu leben,
ohne bei etwas zu scheitern.
Es sei denn, man lebt so vorsichtig,
dass man genauso gut
gar nicht gelebt haben bräuchte.

J. K. ROWLING

Man sieht, dass im Körper bei Stressreaktionen nichts mehr so funktioniert, wie es sein sollte. Stress bedeutet für unseren Organismus ein absolutes Notfallszenario, bei dem das kurzfristige Überleben die einzige Priorität hat, die in diesem Moment zählt. Dass ein solcher Zustand bestenfalls für zeitlich begrenzte Höchstleistungen sinnvoll sind, lässt sich anhand dieser Gegebenheiten schon feststellen.

Stress

Stress ist etwas ganz Natürliches und ein hilfreicher Mechanismus, der uns in Notsituationen hilft zu überleben oder Außergewöhnliches zu leisten.

Stress ist eine Reaktion des menschlichen Organismus und der Psyche auf sogenannte Stressoren, die aus der Umwelt oder aus dem Inneren des Menschen selbst stammen und eine erhöhte Anspannung verursachen, damit wir für eine Extrem- oder Notsituation gerüstet sind.

So ist es sicher von Vorteil, wenn wir ein wenig darüber wissen, was bei Stress in unserem Körper so alles abläuft, sodass uns bewusst wird, dass ein gutes Stressmanagement in unserem Leben sinnvoll sein könnte. Viel zu tun zu haben, bedeutet noch nicht, gestresst zu sein. Wie, mit welcher inneren Haltung wir unsere Herausforderungen im Leben angehen, entscheidet darüber, wie unser Organismus darauf reagiert. Denn Stress ist eine Reaktion auf eine Situation, einen Menschen, einen Umstand oder ein Umfeld, das von unserem Organismus als Bedrohung und potenzielle Gefahr des Verletztwerdens wahrgenommen wird. Unser Organismus unterscheidet dabei nicht, ob es sich um eine reale äußere oder um eine eingebildete innere Gefahr handelt. Der Organismus reagiert immer auf die gleiche Weise auf Stress.

In Zeiten, in denen noch Säbelzahntiger lebten und wir uns vor diesen in Höhlen versteckten, dienten die natürlichen körperlichen Stressreaktionen – wie Steigerung des Blutdrucks, schneller Puls und hohe Atemfrequenz – zur Mobilisierung aller Körperreserven, um in Gefahrensituationen unseren Körper innerhalb kürzester Zeit kampf- und fluchtbereit zu machen.

Stress kann sowohl als eine Herausforderung wie auch als eine Bedrohung angesehen beziehungsweise erlebt werden. Ob Stress positiv oder negativ erlebt wird, hängt von der Sichtweise der betroffenen Person auf die Ereignisse ab und von den Reserven, die der Mensch in sich trägt, um die Belastung auszuhalten. Ein grundsätzliches Stress- beziehungsweise Erregungspotenzial ist für das Überleben eines Organismus' wesentlich.

Stress ist also, wie wir bereits gehört haben und noch hören werden, nicht nur negativ. Bei Leistungssportlern können die körperlichen Stresssymptome zu Höchstleistungen führen, auch das berühmte Lampenfieber ist ein körperliches Stresssymptom und hat schon so manchen Künstler auf der Bühne beflügelt, aber auch schon so manchen zum Scheitern gebracht. Entscheidend ist immer, ob genügend Ressourcen vorhanden sind, um die aktuelle Situation zu meistern.

Erst wenn die inneren Grenzen überschritten werden, entsteht ein Ungleichgewicht, was von der Herausforderung zur Überforderung führt, was manchmal nur ein kleiner Schritt ist. Übrigens kann auch Unterforderung eine Stresssituation erzeugen. Wenn wir uns langweilen und über lange Zeit etwas machen, was uns nichts bedeutet und keine Herausforderung für uns darstellt, zeigen sich die gleichen negativen Stresssymptome, wie wenn wir uns überfordert fühlen. Ob Burn-out oder Bore-out interessiert unseren Organismus herzlich wenig, beides tut ihm nicht gut.

Stressoren

Stressoren nennt man Reize, die Stress in uns auslösen. Was uns stresst, ist sehr unterschiedlich, was den einen beflügelt, erdrückt einen andern. Meistens sind es massive und einschneidende Ereignisse, die Stress verursachen, aber nicht nur, häufig sind es gerade die kleinen, alltäglichen Dinge, die uns auf die Palme bringen, und das sind die Hauptverantwortlichen von Stressfolgeschäden. Meiner Meinung nach lohnt es sich, dass wir uns mit unseren Stressoren auseinandersetzen, denn diese halten sehr viel Wissen über uns in sich bereit, und wenn wir den Mut haben, hinzusehen, entdecken wir die Muster, die wir über eine lange Zeit in uns kultiviert haben, die den ganzen Stress in uns auslösen.

Stress und Kampf-, Fluchtverhalten, Erstarren

Stress macht uns fit für Flucht oder Angriff, wie es bei unseren Vorfahren notwendig gewesen war. Wir müssen zwar heute nicht mehr gegen wilde Tiere und feindliche Volksstämme kämpfen, aber dafür haben wir uns andere Feinde ausgesucht.

So kämpfen wir gegen den vor uns her schleichenden Autofahrer, gegen lärmende Nachbarn oder gegen einen Stapel zu erledigender Arbeiten. Es genügt, dass wir uns diesen Ereignissen als hilflos und machtlos ausgeliefert betrachten, und schon läuft im Körper der gleiche Mechanismus wie vor Jahrtausenden ab.

Als einigermaßen zivilisierte Menschen können wir in solchen Situationen natürlich meist nicht mit Kampf oder Flucht reagieren. So bleibt, wenn wir keinen Boxsack in unserer Nähe haben, die gesamte Anspannung mitsamt den Emotionen in unserem Körper zurück. Unter dauernder Anspannung kann es zu Beschwerden kommen, die von Mensch zu Mensch unterschiedlich sind, und so wie es aussieht, sich diese bei den jeweiligen Schwachstellen der Betroffenen zeigen. Der eine bekommt Durchfall, der andere Verstopfung, der dritte Kopfschmerzen, ein weiterer Allergien oder Magenschmerzen, die Liste der Symptome ließe sich beliebig fortsetzen, denn die Folgen von zu viel Stress sind für den Einzelnen so vielfältig, wie es Menschen gibt.

Eine andere Stressreaktion ist das Erstarren. Wenn Flucht oder Angriff nicht möglich sind oder schlicht und einfach keinen Sinn machen, weil der Gegner zu groß, stark und schnell ist und jeder Flucht- oder Kampfversuch zum Scheitern verurteilt wäre, bleibt nur noch eine Strategie übrig, die im Tierreich zum Teil sehr erfolgreich angewandt wird: Wir müssen uns totstellen.

Aber nicht nur um das Überleben zu sichern, kann man erstarren. Starr vor Schreck kann man auch werden, wenn man sich scheinbar in einer ausweglosen Situation wähnt, und das nicht nur körperlich, sondern auch emotional. Werden diese meist negativen Erlebnisse/Emotionen nicht verarbeitet, können sie sich in uns festsetzen, was sie dann zu einem Trauma werden lässt, das uns so lange begleitet, bis wir es aus unserem Körper wieder entlassen. Zu diesem Thema hat Peter A. Levine ein spannendes Buch mit dem

Titel *Trauma-Heilung (Das Erwachen des Tigers)* geschrieben, in dem er zeigt, wie dieses Erstarren sich in unserem Organismus festsetzt, wie wir diese Erstarrung über den Körper als Heiler wieder lösen können, und wie wir uns so von den Auswirkungen eines Traumas erlösen können.

Deshalb sind für mich Atem- und Körperübungen so essenziell wichtig für ein gutes Stressmanagement. Ein gesunder Organismus zeichnet sich durch Beweglichkeit und Flexibilität aus. Je beweglicher und flexibler ein lebendiger Organismus ist, desto besser kann er auf innere und äußere Veränderungen reagieren. Starrheit hingegen deutet auf einen ungesunden Organismus hin, der wie ein starrer alter Ast am Baum bei einem Sturm abbricht, wohingegen ein junger flexibler Ast sich dem Sturm anpasst, zurückweicht, bis dieser sich ausgetobt hat, und dann wieder in seine natürliche Position zurückschwingt. Wenn wir uns den Menschen als Beispiel anschauen, sehen wir diesen Mechanismus an seinem Alterungsprozess. Kinder sind sehr beweglich und flexibel, diese körperliche Beweglichkeit, Flexibilität nimmt mit Zunahme des Alters immer mehr ab und endet in der Totenstarre.

Verschiedene Arten von Stress

Positiver Stress

Der positive Stress wird auch als Eustress bezeichnet und bedeutet, dass wir zwar viel zu tun haben, uns die Arbeit aber Spaß macht und wir voller Energie sind. Das heißt, eine Situation wird als angenehm empfunden und stellt für uns eine Herausforderung und keine Bedrohung dar.

Eustress ist positiver Stress, der motivierend und stimulierend wirkt.

Eustress ist leistungsfördernd, aktivierend, anregend und lebensnotwendig.

Negativer Stress

Negativer Stress wird auch Distress genannt. Distress tritt auf, wenn wir den Eindruck haben, eine Situation nicht mehr unter Kontrolle zu haben oder zu bekommen und wir uns überfordert fühlen.

Das heißt, diese Situation wird als unangenehm empfunden und stellt für uns eine Bedrohung dar.

Distress ist krankmachender Stress, der mit Frustration, emotionaler Spannung und übermäßigem Druck zu beschreiben ist. Beim Distress wirken auf den Menschen Stressreize ein, von denen er das Gefühl hat, dass er diese nicht bewältigen kann. Es entsteht ein Übermaß an Anspannung, was das Denken behindert und auf die Stimmung drückt.

Was bei Stress im Körper passiert

Stress mobilisiert in Zeiten besonderer Herausforderungen unsere mentalen und körperlichen Ressourcen. Dauernder Stress führt hingegen zu einer stark erhöhten Anspannung des Körpers und damit zu einer Abnahme der

Leistungsfähigkeit, unsere Konzentration, Aufmerksamkeit, Auf- und Wiedergabefähigkeit lässt nach, wir verlieren mehr Energie, als nötig wäre.

Bei Stress finden folgende Reaktionen im Körper statt: Der Körper gerät blitzschnell in Hochform, um sein Überleben zu sichern. Alle Systeme werden gleichzeitig hochgefahren: Der Blutdruck sackt kurzfristig ab, der Kreislauf konzentriert sich. Der Hypothalamus wird aktiviert, die Nebennieren schütten Adrenalin und Noradrenalin aus. Das Herz schlägt schneller, die Atemfrequenz steigt, der Muskeltonus erhöht sich, Fett- und Zuckerreserven werden angezapft, die Blutgerinnung nimmt zu. Gleichzeitig werden Verdauung und Immunabwehr gehemmt, um Kraft zu sparen, denn was nutzt uns eine gute Verdauung und Immunabwehr, wenn der Säbelzahntiger uns gefressen hat. Also geht es zuerst einmal ums nackte Überleben, danach erst kümmert sich unser Organismus wieder um die alltäglichen Arbeiten.

Dass sich bei Daueralarm im Körper Symptome zeigen können, wie zum Beispiel Magen- und Darmprobleme, Verspannungen, Rücken- und Kopfschmerzen, Herz-Kreislauf-Beschwerden, Schlafstörungen, ist meiner Meinung nach nur eine logische Schlussfolgerung, auch wenn wir halt immer noch gern irgendwelche Viren, Bakterien oder Gene dafür verantwortlich machen wollen.

Stressforschungsinstitute gehen davon aus, dass bis zu 90 Prozent der Arztbesuche auf Stress und deren Auswirkung auf unser Befinden zurückzuführen sind, und dass allein in Amerika jährlich Milliarden von Beruhigungs-,

Schlaf- und Aufputschmitteln konsumiert werden, um mit den von Stress ausgelösten Beschwerden fertig zu werden.

Heute weiß man, dass Genesung und sämtliche Reparaturvorgänge in unserem Körper nur im Erholungszustand (medizinisch als Vagotonus bezeichnet) stattfinden, und um diesen zu erreichen, ist ein gutes Stressmanagement unumgänglich

Stress ist die körperliche und verstandesmäßige Reaktion auf innere und äußere Stressoren, die das normale Gleichgewicht stören. Wenn wir das Gefühl haben, die Kontrolle zu verlieren, uns über-, aber auch unterfordert fühlen und die Ereignisse mit ihren Ergebnissen nicht unseren Erwartungen entsprechen, entsteht Stress in uns.

Unsere meist spontane und nicht kontrollierte Reaktion auf Stresssituationen äußert sich in Form von Anspannung, Widerstand, Frustration und bringt uns physisch wie psychisch aus dem Gleichgewicht. Wenn das Gleichgewicht zu lange oder über einen längeren Zeitraum immer wieder gestört wird, ist unser Körper irgendwann von den ständigen physikalischen und chemischen Reaktionen überlastet.

Als ich von den Reaktionen des Körpers auf Stress hörte, fiel es mir wie Schuppen von den Augen, weshalb ich im Laufe meiner Karriere und dann auch danach häufiger müde war, und auch meine Gemütsschwankungen ergaben plötzlich Sinn. Denn die körperlichen Höchstleistungen, die man als Profisportler tagtäglich leistet, sind allein schon hochgradiger Stress für den Körper, welcher dann, auch noch gepaart mit dem psychischen Druck, zu einem schwer verdaulichen Cocktail wird. Heute weiß ich, welchem biochemischen und biophysikalischen Bombardement mein Körper über all die Jahre ausgesetzt war. Dass das nicht spurlos an einem vorbeigeht, ist mir heute klarer denn je und entspricht einer gewissen Logik.

So ist es dann auch nicht wirklich verwunderlich, dass viele Profisportler nach ihrer Karriere in ein Loch fallen, denn der Körper ist nach so einem Leben komplett übersäuert und das Hormonsystem gleicht einer Stadt nach einem Bombenangriff. Vieles ist zerstört und alles funktioniert nur noch notdürftig.

Als ich von den Auswirkungen von Stress auf den Körper erfuhr, machte ich sofort eine Hormon-Säure-Basen- und Giftstoffanalyse. Was dabei herauskam, war nicht sehr erfreulich, aber auch nicht wirklich verwunderlich, obwohl ich schon während meiner Karriere gut auf meinen Körper geachtet habe. Unter anderem wegen dieser Ergebnisse suchte ich nach Mitteln, die mir helfen konnten, meinen Organismus wieder auf Vordermann zu bringen. So bin ich auch auf die Atmung aufmerksam geworden und habe beim Studium des Atems entdeckt, wie viel Gutes dieser uns tun kann.

Wenn wir unseren Atem achtsam und richtig nutzen, kann er uns sogar helfen, die körperlichen Stressreaktionen zu stoppen und sogar umzudrehen. Deshalb möchte ich Ihnen auch im hinteren Teil des Buches die Atemübungen, die im HeartMath Institut entwickelt wurden, vorstellen und ans Herz legen, damit Sie sich mit einem besseren Stressmanagement etwas Gutes tun können.

Mir wurde auch klar, dass mit der großen physischen und psychischen Belastung, die ich während meiner Karriere hatte, noch das eine oder andere in Mitleidenschaft gezogen wurde. Daher wurde mir immer bewusster, wie wichtig es in der Zeit nach meiner Karriere ist, meinen Organismus von den eingefahrenen neuronalen Autobahnen mit ihren Stressmustern, die in meiner Karriere fest in meinem Organismus einbetoniert wurden, zu befreien.

Wenn man sich vorstellt, dass bei einer körperlichen Stressreaktion sagenhafte 1400 physikalische und chemische Reaktionen und mehr als 30 verschiedene Hormone und Neurotransmitter benötigt werden, kann man erahnen, welche starke Wirkung das auf unseren Organismus hat.

Die zwei wichtigsten Körpersysteme, die unsere Reaktion auf Stress koordinieren, sind das vegetative Nervensystem, das sofort reagiert, und das Hormonsystem, dessen Reaktion verzögert einsetzt, dafür aber länger anhält. Magen und Nieren schütten ebenfalls Hormone aus, um den Körper auf die bevorstehende Notsituation so gut wie möglich vorzubereiten. Adrenalin wird in den Blutkreislauf geschüttet, was unsere Atmung beschleunigt, den Puls, Blutdruck und unseren Muskeltonus erhöht, sodass wir bereit sind, den Kampf aufzunehmen oder unsere Beine unter die Arme zu nehmen, um uns so schnell wie möglich aus dem Staub zu machen. Cortisol, ein Steroidhormon der Nebennierenrinde, und Noradrenalin, ein Neurotransmitter und Hormon, das vom Körper im Nebennierenmark produziert wird und das Herz-Kreislauf-System anregt, werden bei Stress ebenfalls aktiviert.

Der erhöhte Hormonpegel ist noch Stunden nach einer Stressreaktion messbar, und wenn wir uns vorstellen, dass dieser Zustand des Stresses häufiger oder über einen längeren Zeitraum aktiviert wird, dann verstehen wir vielleicht, was mit der Bezeichnung Burn-out gemeint ist, denn Stress verbrennt mit der Zeit sämtliche Energiereserven des Körpers.

Gerade Hormone braucht der Körper in ausgewogenem Maße, zu hohe oder zu niedrige Dosen schaden unserem Organismus enorm. Wenn wir ständig unter Stress stehen, kommt das ganze Hormonsystem aus dem Gleichgewicht, und das hat negative Auswirkungen auf unser Immunsystem und auf unser Gedächtnis, dem bei Stress das Lernen schwerer fällt. Was wieder einmal zeigt, wie wichtig die Atmosphäre ist, in der wir lernen. An dieser Stelle möchte ich noch einmal ein Plädoyer halten für mehr Herzlichkeit im Umgang miteinander und vor allem mit Kindern, diesen so sensiblen, zerbrechlichen Wesen, die auf Gedeih und Verderb uns Erwachsenen ausgeliefert sind, die von uns geprägt werden, und wie wichtig das für unsere Gesellschaft ist.

Lassen wir uns nicht von den Erwartungen anderer unter Druck setzen, sodass wir unsere Herzen auch sprechen lassen können, wenn es stürmt und tobt und wir wie der Fels in der Brandung dastehen, unerschütterlich in unserer Haltung, auch dann, wenn die ganze Welt über uns lacht und uns weismachen will, hart sein zu müssen. Dieses Hart-sein-Müssen wird uns von Kindesbeinen an beigebracht und so tief in uns verankert, dass wir als Erwachsene immer noch glauben, dass wir unsere Kinder ebenfalls abhärten müssten, damit sie mit dem Leben zurechtkommen. Leider sind wir zu oft enttäuscht worden von Menschen, die wir geliebt haben. Die ersten sind meistens unsere eigenen Eltern und wir schlussfolgern daraus, dass wir niemandem trauen können. Wenn wir sogar von unseren eigenen Eltern, die wir so abgöttisch lieben und denen wir uneingeschränkt vertrauen, verletzt werden, dann wird es sicherer sein, dass wir unsere Herzen verschließen. Damit schützen wir uns wenigstens vor weiteren Verletzungen, die besonders von geliebten Menschen wehtun. Indem wir unser Herz verschließen, schützen wir uns vor dieser bösen Welt. Das ist ein ganz normaler und natürlicher Mechanismus, der uns hilft, wenn wir unsere Hand auf eine heiße Herdplatte gelegt haben, es nicht noch ein zweites Mal zu tun.

Als Kind mag diese Reaktion sinnvoll sein, weil sie uns in unserer Verletzlichkeit schützt, aber als Erwachsener raubt genau diese Haltung uns viel Lebensfreude, Leichtigkeit und Fröhlichkeit. Als Erwachsene müssen wir uns der Welt stellen, um herauszufinden, dass wir nun stark genug sind, um auch mit Schmerz umgehen zu können, ohne dass wir unsere Herzen verschließen müssen. Denn es ist in unserem und im Sinn der Welt, dass wir in voller Blüte erstrahlen und unsere Einzigartigkeit zeigen.

So, zurück zum Stress, alles in allem lässt Stress uns vorzeitig altern, und seien wir doch ehrlich, wer möchte das schon. Wenn wir den Stress chronisch werden lassen, dann laugt das ständige biochemische Bombardement, dem wir uns aussetzen, unseren Körper mit der Zeit aus und er kann es nicht mehr ausgleichen.

Ein sich wiederholendes, negatives Denkmuster mit den daraus folgenden Emotionen prägt diese schädlichen Gewohnheiten immer tiefer in unser Gehirn ein und zerrt an unseren Kräften. Es kann nicht einfach in den ursprünglichen Zustand zurück, denn unsere Körperchemie hat sich verändert und reagiert nicht mehr wie früher, als bei leichtem Druck die Adrenalin- und Cortisolspitzen unsere Leistung vorübergehend steigerten und danach eine Erschöpfungspause folgte, die für einen gesunden Ausgleich sorgte. Dieser Ausgleich zwischen Anspannung und Entspannung, der so wichtig für unsere Gesundheit ist, funktioniert normalerweise sehr gut. Aber bei konstant erhöhter oder zu niedriger Hormonausschüttung ist das nicht mehr der Fall, und das führt dazu, dass unsere Leistung zunehmend hinter den Erwartungen zurückbleibt. Dann geht es langsam, aber sicher abwärts mit uns.

Unser Körper ist ein wahres Wunderwerk, der, von uns unbemerkt, unermüdlich die Homöostase, also das Gleichgewicht, aufrechterhält beziehungsweise wiederherstellt. Körperliche Symptome treten daher nicht sofort bei Belastung auf, sondern erst dann, wenn der Organismus mit seinen Ausgleichsbestrebungen überfordert ist. Unser Körper kann krank sein, lange bevor eine von Ärzten diagnostizierbare Krankheit auftritt. Dennoch spüren wir, dass irgendetwas nicht stimmt, dass wir uns nicht wohlfühlen, das ist bereits ein Zeichen unseres Organismus, dass er dringend bei der Bewältigung des Ungleichgewichts Unterstützung von uns braucht. Leider wird dieser Zustand in unserer Gesellschaft selten als Krankheit bewertet, was vielleicht Schlimmeres verhindern würde, wenn wir unserem Bedürfnis nach Ruhe und danach, uns etwas Gutes zu tun, einfach nachgeben würden.

Unser Körper ist immer um Anpassung und Ausgleich bemüht. Wenn wir ihn dabei nicht unterstützen, kann das System irgendwann einmal überlastet sein und zusammenbrechen. Unser Organismus kennt bei Stress drei Phasen: Alarm, Resistenz und Erschöpfung.

In der Phase des Alarms reagiert der bedrohte Organismus auf einen Stressor und bemüht sich kontinuierlich darum, den Ausgleich wiederherzustellen. Dauert die stressauslösende Situation unvermindert an, folgt die Phase der Resistenz. Hier sieht es so aus, als wenn der Körper mit der Bewältigung der Situation zurechtkommen würde, weil er sich an die Anforderungen, die an ihn gestellt werden, gewöhnt hat. Dann haben wir das Gefühl, dass wir abgehärtet seien. Tatsächlich verbraucht der Dauerstress so viel Energie, dass wir immer weniger Stressreserven zur Verfügung haben. Irgendwann gibt es dann nichts mehr, auf das wir nicht gestresst reagieren, plötzlich bringen uns Sachen auf die Palme, für die wir früher nur ein müdes Lächeln übrig hatten.

Gibt es auch in dieser Phase keine Entwarnung, tritt die Erschöpfung ihren Dienst an. Das Immunsystem und die Drüsen sind durch die permanente Überfunktion derart erschöpft, dass der Organismus sich nicht mehr an den Dauerstress anpassen kann. Danach bringt der Körper verschiedene Erkrankungen und Gemütsstörungen hervor, indem er anfängt, sich quasi selbst zu zerstören. Das Endstadium der dritten Phase ist im Extremfall der Tod.

(Kirch, Seite 46–49; Childre/Martin, Seite 82–87)

Dass das nicht nur graue Theorien oder dummes Geschwätz ist, sehe ich immer wieder in meiner Coachingpraxis, in der es um effizientes Stressmanagement geht. Anhand der Lebensfeueranalyse meiner Klienten sehe ich, wie ihr Stressmanagement ist. Das Lebensfeuer ist wie ein Blueprint unseres bisherigen Lebens. Man sieht die Grundkonstitution, die wir bei Geburt geschenkt bekommen haben, und was wir bis dahin aus dieser gemacht haben, die Auswirkungen können positiv oder negativ sein.

So sieht das Lebensfeuer eines Menschen aus, wenn er/sie ausgebrannt ist und ein schlechtes Stressmanagement hat:

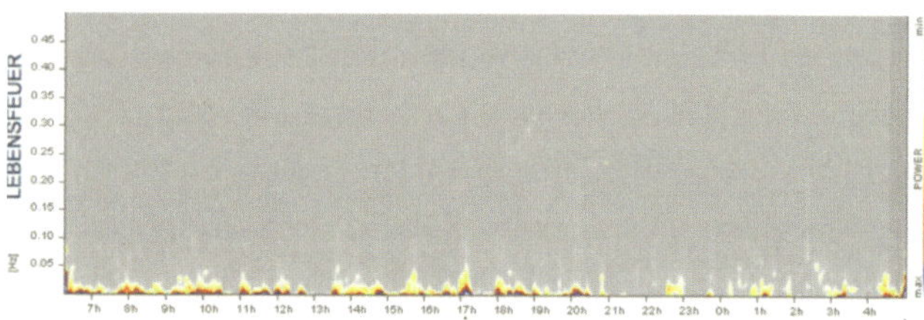

So sieht dagegen das Lebensfeuer eines Menschen aus, der ein gutes Stressmanagement hat und voller Energie ist:

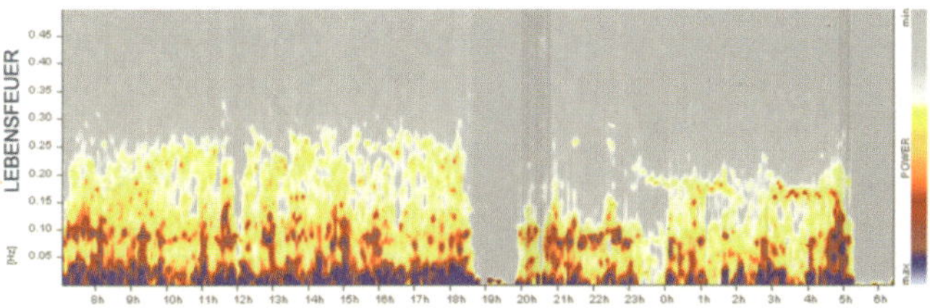

Damit wir ein gutes Stressmanagement haben und unser Lebensfeuer bis ins hohe Alter richtig am Feuern bleibt, brauchen wir meiner Erfahrung nach fünf Eigenschaften, die ich Ihnen später näherbringen möchte, aber erst einmal reden wir über Vergänglichkeit und Tod und unsere Ängste davor.

Setze dich deiner tiefsten Angst aus.
Danach hat die Angst keine Macht mehr über dich
und die Angst vor Freiheit
schrumpft und verschwindet. Du bist frei.

JIM MORRISON

Vergänglichkeit/Tod

Der Dalai Lama wurde mal gefragt, was ihn an der Menschheit am meisten überrascht. Das war seine Antwort:

»Der Mensch selbst.

Weil er seine Gesundheit opfert, um Geld zu verdienen.

Dann opfert er das Geld, um seine Gesundheit wiederherzustellen.

Außerdem hat er eine solche Angst vor der Zukunft, dass er die Gegenwart nicht genießt, mit dem Ergebnis, dass er weder in der Gegenwart noch in der Zukunft lebt.

Der Mensch lebt, als würde er niemals sterben, und stirbt dann, ohne jemals wirklich gelebt zu haben.«

Die Vergänglichkeit hat in unserer Gesellschaft einen so schlechten Ruf, dass wir sie so gut es eben geht aus unserem Leben ausschließen wollen. Doch gerade die Integration der Tatsache der Vergänglichkeit in unser Leben könnte uns dazu verhelfen, ein schöneres, erfüllteres, stressfreieres, glücklicheres und friedlicheres Leben zu leben. Denn wenn uns zu jedem Zeitpunkt bewusst wäre, dass jeder Moment gleich unwiederbringlich vorbei ist und nie wieder kommt, würden wir dem Erlebten wahrscheinlich etwas mehr Achtsamkeit schenken. Dann würde das Bewusstsein in uns aufsteigen, wie kostbar jeder noch so alltägliche Moment in Wirklichkeit ist. Aus dieser Erkenntnis heraus würde eine allgemeine größere Achtsamkeit und Wertschätzung dem Leben gegenüber entstehen. Wir würden uns mehr um die schönen Dinge des Lebens kümmern, damit würde auch der Umgang mit unserer Umwelt (allem, was mit uns auf diesem Planeten existiert) herzlicher werden. Wir würden mehr Zeit in Kooperation und weniger in Konkurrenz investieren. Und ich weiß nicht, ob wir unsere so kostbare Zeit noch in Hass, Kriege, Kämpfe und Ausbeutung stecken würden. Würden wir immer noch andere verletzen, sie ausnutzen, benutzen und betrügen?

Würden wir es dann erlauben, dass Menschen aus ihrer Heimat vertrieben werden und Millionen von Menschen weder genug zum Essen noch ein Dach über dem Kopf haben? Ich weiß, ich schweife von dem eigentlichen Thema ab, aber diese Gedanken kommen gerade in diesem Moment während des Schreibens in mein Bewusstsein. Und ich habe gelernt, meinen Impulsen zu vertrauen, deshalb gehe ich mit diesem Fluss. Als sensibler Mensch, der seine und die Gefühle anderer noch wahrnimmt, ist es manchmal schwer zu verstehen, wie wir miteinander umgehen. Wir müssen schon ziemlich außer uns sein, damit wir den Umgang, den wir teilweise miteinander pflegen, überhaupt aushalten können. Ich muss bereits weit von meinem Körper abgespalten sein, um nicht zu fühlen, wie ich immer und immer wieder verletzt werde und wie ich immer und immer wieder verletze. Wir haben alle schon so viel Schmerz erfahren in unserem Leben, dass wir gar nicht anders konnten, als uns von unseren Gefühlen abzuspalten, um zu überleben. Würden wir alles rundum mit vollem Bewusstsein erleben, könnten wir es nicht aushalten.

Daher ist es verständlich, dass so viele Menschen außer sich sind, um das ganze Ausmaß des Schmerzes nicht zu erleben. Aber ist es nicht an der Zeit, dieses Drama zu beenden, haben wir wirklich noch die Kraft, all den Schmerz zu ertragen und zu unterdrücken? Wenn ich mir die Welt so anschaue, ist das Fass am Überlaufen. Die meisten Menschen sind nur noch am Überleben, die Batterien sind leer und die Lebensqualität nimmt stetig ab. Der Hallo-Wach-Effekt kommt meistens erst mit einem abrupten Ende einer Zeit, die wir noch gar nicht bereit sind zu beenden.

»Falsche Entscheidungen und Versäumnisse bewegen die Menschen in ihren letzten Stunden. Bronnie Ware ist Palliativpflegerin, sie begleitet Patienten zu Hause in den Tod – und hört in den Wochen, Tagen und Stunden in den Gesprächen mit den Sterbenden stets dasselbe Bedauern und dieselben Vorwürfe: das Bedauern darüber, nicht das Leben gelebt zu haben, das sie sich gewünscht hatten. Reue angesichts der Entscheidungen, die man getroffen oder nicht getroffen hat. Vorwürfe gegenüber sich selbst, weil diese Erkenntnis erst kam, als es bereits zu spät war. Dieses ›Ich wünschte, ich hätte …‹ kommt immer wieder.

1. ›Ich wünschte, ich hätte den Mut gehabt, mein eigenes Leben zu leben.‹

   ›Es gibt so viele Menschen, die durchs Leben gehen und

die meiste Zeit Dinge tun, von denen sie glauben, dass andere sie von ihnen erwarten‹, schreibt Ware.

2. ›Ich wünschte ich hätte nicht so viel gearbeitet.‹
   ›Alle Männer, die ich gepflegt habe, haben das gesagt, fast alle haben zu viel gearbeitet und zu wenig gelebt – weil sie Angst hatten, nicht genug Geld zu verdienen, oder ihrer Karriere wegen.‹
3. ›Ich wünschte, ich hätte den Mut gehabt, meine Gefühle auszudrücken.‹
   Viele Menschen unterdrücken ihre Gefühle um des lieben Friedens willen, das führt dazu, dass viele sich in einer mittelmäßigen Existenz einrichten und nie zu dem werden, was sie hätten sein können. Viele Krankheiten, die ihre Patienten über die Jahre entwickelten, rührten daher, glaubt sie.
4. ›Ich wünsche mir, ich hätte den Kontakt zu meinen Freunden aufrechterhalten.‹
   ›Viele meiner Patienten bedauern, dass sie nicht genügend Zeit in ihre Freundschaften investiert hatten. Jeder vermisst seine Freunde, wenn er stirbt.‹
5. ›Ich wünschte, ich hätte mir erlaubt, glücklicher zu sein.‹
   Bronnie Ware trifft eine verbitterte Frau, die erst wenige Tage vor ihrem Tod realisiert, dass Ware recht hat, wenn sie sagt: ›Wir haben die Freiheit zu wählen.‹ Diese Erkenntnis überrascht Bronnie zuerst: ›Viele Patienten erkennen das erst zum Schluss. Sie stecken in alten Mustern und Gewohnheiten und dem Komfort der Gewohnheit.‹«
   (*Die Welt* vom 05.02.2012)

Der Tod als Abschluss unseres Lebens ist das letzte Mal, an dem wir mit der Vergänglichkeit konfrontiert werden. Das Leben bietet uns aber schon vorher immer wieder Möglichkeiten, uns der Vergänglichkeit bewusst zu werden. Wenn wir es schaffen, dieser Angst vor der Vergänglichkeit in die Augen zu schauen und sie als realen Teil unseres Erlebens zu betrachten und zu akzeptieren und sie bewusst in unser Leben zu integrieren, dann hält dieses Bewusstsein große Geschenke für uns bereit. Wenn wir aus der Totenbettoptik durchs Leben gehen würden, würden wir vielen Dingen um uns herum nicht mehr eine so große Bedeutung geben, was dazu führt, dass das Drama unseres Lebens sich in nichts auflöst. Wie vieles von dem, das uns widerfährt, sieht aus dieser Optik noch wirklich dramatisch und wichtig aus?

Würden wir uns wirklich noch wegen Kleinigkeiten streiten wollen, böse auf andere sein und diese wegen ihrer Andersartigkeit be- und verurteilen? Wohl kaum, denn aus dieser Perspektive heraus verliert vieles an Bedeutung.

Ein weiteres Geschenk, das aus dieser Sicht entsteht, ist Achtsamkeit, was zu mehr Bewusstsein durch bewusstes Sein und automatisch dazu führt, dass wir mehr von dem wahrnehmen, was wir erleben. Wir riechen den Duft der Luft, hören den Klang, den diese uns entgegenbringt, spüren den Untergrund, auf dem wir gehen, sehen die Farben und Formen, die uns umgeben. Und wenn wir am Ende unseres Weges angekommen sind, wissen wir auch, wie wir dorthin gelangt sind und haben ganz viele Eindrücke von unserem Weg mitgenommen. Wir haben den Weg erlebt und ihn nicht nur hinter uns gebracht.

Normalerweise jedoch gehen wir unseren Weg in Gedanken versunken, wir schreiten ihn ab, ohne dabei auch nur im Geringsten mitzubekommen, was um uns herum so vor sich geht. Dann haben wir unser Ziel, das wir uns gesteckt haben und für uns das Wichtigste ist, erreicht, schauen zurück und wissen nicht, wie wir jetzt hierhergekommen sind. Unsere Aufmerksamkeit war in unserer Fantasiewelt der Gedanken, deshalb haben wir den Ablauf in unserer Realität unserem Unterbewusstsein überlassen, das uns dann pflichtbewusst, aber eben auch unbewusst, ohne dass wir davon bewusst etwas wahrgenommen hätten, an unser Ziel geführt hat. Unser Ziel haben wir erreicht, aber den Weg dorthin leider nicht erlebt. Beim Autofahren, Spazierengehen und allem, was Zeit und Raum zum Nachdenken lässt, geschieht uns das oft. Wir fliegen im Autopiloten durch unser Leben, und wenn wir am Ziel unserer Träume aufwachen, wundern wir uns, dass die Zeit an uns vorbeigerannt ist.

Da kommt bei mir gerade eine Kindheitserinnerung hoch. Ich sitze vor dem Fernseher und schaue mir den Zeichentrickfilm von *Pink-Panter* an, der zu Ende geht und das Schlusslied ertönt mit diesem Text:

Wer hat an der Uhr gedreht?
Ist es wirklich schon so spät? […]

Ich selber hatte ein Erlebnis, das mich wachgerüttelt hat und mir klar vor Augen führte, wie wichtig es ist, den Weg als Ziel im Leben zu haben. Das war, als ich meine Fußballkarriere – als ich 30 Jahre alt war – abrupt mit einer Verletzung beenden musste. Im späteren Verarbeitungsprozess schaute ich immer wieder mal zurück auf meine Zeit als Profi-Fußballer, in der ich ganz viel erleben und erfahren durfte innerhalb kurzer Zeit. Bei diesen Rückschauen stellte ich fest, dass ich alles wieder genauso machen würde. Nicht etwa, weil ich alles gut und richtig gemacht hätte, nein, mit Sicherheit nicht. Aber alle meine Entscheidungen – auch die vermeintlich falschen – haben mich mit vielen Lernmöglichkeiten beschenkt, die mir die Chance gaben, Neues zu lernen und mehr Erfahrungen auf meinem weiteren Lebensweg zu sammeln. Näheres darüber erzähle ich in meinem ersten Buch *Stressfrei glücklich sein*. Und dafür bin ich heute sehr dankbar, auch wenn nicht alles leicht, locker, fröhlich und stresslos war.

Doch eines gibt es, das mir auf dem Herzen liegt und das ich bereue, und das ist, dass ich diese wunderbare, einmalige Zeit als Fußballprofi, die nur ganz wenige Menschen erleben dürfen und von der so viele Kinderherzen träumen, eines davon war auch ich, nicht viel mehr genossen habe. Ich konnte mir meinen Kindheitstraum erfüllen, war am vermeintlichen Ziel angekommen, doch entspannen, zurücklehnen und genießen war nicht angesagt, denn jetzt ging der Ernst der Sache erst so richtig los. Ich machte mir in dieser Zeit so viele Sorgen, kämpfte mit Ängsten und setzte mich selber so unter Druck, dass es mir gar nicht mehr möglich war, diese einmalige Zeit zu genießen. Das Spannende daran ist, dass mir das – als ich in dieser Mühle drin war – gar nicht bewusst war, sondern ich habe immer geglaubt, dass ich die ganze Geschichte doch recht gut im Griff hätte.

Klar hatte ich viele schöne Momente und auch Phasen, in denen ich einigermaßen bei mir war, aber die Zeiten, in denen die Umwelt so an mir zog, dass ich es nicht mehr schaffte, bei mir zu bleiben, überwogen doch sehr. Es ging oft halt einfach ums Gewinnen, gut zu performen, keine Schwäche zu zeigen, souverän und stark zu sein und alles im Griff zu haben. Das kommt mir im Nachhinein doch sehr ambitioniert vor und war eine maßlose Überschätzung meiner Fähigkeiten. Ich stellte deshalb an mich unrealistische Ansprüche, die ich nie und nimmer erfüllen konnte. So raste ich im Autopiloten, meistens in meine Gedanken gehüllt, in Sorgen und Ängsten versunken durch meine Fußballerkarriere. Schade, diese Zeit ist vergangen und kommt nicht wieder zurück. Aber auch in so schwierigen Zeiten hilft uns die Sterbebettperspektive, da uns dann bewusst ist, dass alles einmal vorbeigeht. Dann kann uns auch in herausfordernden, nicht immer einfachen Situationen eine gewisse Gelassenheit begleiten. Denn alles hat ein Ende, nur die Wurst hat zwei.

Augenblicke

Wenn ich mein Leben noch einmal leben dürfte,
würde ich versuchen, mehr Fehler zu machen.
Ich würde nicht so perfekt sein wollen – ich würde mich mehr entspannen.

Ich wäre ein bisschen verrückter als ich es gewesen bin,
ich wüsste nur wenige Dinge, die ich wirklich sehr ernst nehmen würde.
Ich würde mehr riskieren, würde mehr reisen,
Ich würde mehr Berge besteigen und mehr Sonnenuntergänge betrachten.
Ich würde mehr Eis und weniger Salat essen.

Ich war einer dieser klugen Menschen,
die jede Minute ihres Lebens vorausschauend und vernünftig leben, Stunde um Stunde, Tag für Tag.

Oh ja, es gab schöne und glückliche Momente, aber wenn ich noch einmal anfangen könnte,
würde ich versuchen, noch mehr gute Augenblicke zu haben.
Falls Du es noch nicht weißt,
aus diesen besteht nämlich das Leben;
nur aus Augenblicken, vergiss nicht den jetzigen!

Wenn ich noch einmal leben könnte,
würde ich von Frühlingsbeginn an bis in den Spätherbst hinein barfuß gehen.
Ich würde vieles einfach schwänzen,
ich würde öfter in der Sonne liegen.

Aber sehen Sie … ich bin 85 Jahre alt
und weiß, dass ich bald sterben werde.

JORGE LUIS BORGES ZUGESCHRIEBEN

Julia Engelmann bringt in ihrem Slam *One Day/Reckoning Text* die Konsequenzen der Vergänglichkeit wunderbar zum Ausdruck und regt mit ihren Worten zum Nachdenken an. Nachfolgend ein paar Zeilen daraus:

Eines Tages, baby, werden wir alt sein. Oh baby,
werden wir alt sein.
[...]
Wenn wir dann alt sind – und unsere Tage knapp,
– und das wird sowieso passieren –
dann erst werden wir kapieren,
wir hatten nie was zu verlieren.
Denn das Leben, das wir führen wollen,
das können wir selber wählen.
Also los!
Wir schreiben Geschichten,
die wir später gern erzählen.
Also!
Lass uns nachts lange wach bleiben,
aufs höchste Hausdach der Stadt steigen,
lachend und vom Takt frei
die allertollsten Lieder singen!
Lass uns Feste wie Konfetti schmeißen,
sehen, wie sie zu Boden reisen,
und die gefallenen Feste feiern,
»bis die Wolken wieder lila sind«!
Lass mal an uns selber glauben,
ist mir egal ob das verrückt ist!

Wer genau guckt sieht,
dass Mut auch bloß ein Anagramm von Glück ist.
Wer immer wir auch waren,
lass uns werden, wer wir sein wollen.
Wir haben viel zu lang gewartet,
lass uns Dopamin vergeuden

»Der Sinn des Lebens ist Leben, das hat schon Casper
gesagt« –
»Let's make the most of the night« –
das hat schon Ke$ha gesagt.
Lass uns möglichst viele Fehler machen
und möglichst viel aus ihnen lernen,
lass uns jetzt schon Gutes säen,
damit wir später Gutes ernten!
Lass uns alles tun, weil wir können
und nicht müssen,
jetzt sind wir jung und lebendig,
und das soll ruhig jeder wissen!
Lass uns uns mal demaskieren
und dann sehen wir sind die Gleichen,
und dann können wir uns noch sagen,
dass wir uns viel bedeuten!
[…]
Das Leben, das wir führen wollen,
wir können es selber wählen.
Also – los, schreiben wir Geschichten,
die wir später gern erzählen!

Und eines Tages, Baby, werden wir alt sein,
oh Baby, werden wir alt sein
und an all die Geschichten denken,
– die für immer unsere sind.

(ENGELMANN, Seite 24 ff.)

Es stellt sich auch die Frage, wann und ob überhaupt jemals ein Ende des Lebens kommt oder ob alles einfach immer weitergeht. Eben die ganz großen Fragen des Lebens müssen wir uns stellen und für uns beantworten, um der Fels in der Brandung zu sein: Woher kommen wir, wohin gehen wir, haben wir schon existiert, bevor wir hier auf Erden ankamen, und gibt es uns auch dann noch, wenn wir die Erdenbühne wieder verlassen haben?

Anhand von Studien wurde festgestellt, dass Menschen, die eine Nahtoderfahrung erlebten, ihre Angst vor dem Tod, aber auch vor dem Leben verlieren und viel konstruktiver mit den Gegebenheiten umgehen. Das nicht, weil sie vom Tod befreit wurden, sondern weil ihnen bewusst wurde, dass das Leben nach dem Tod nicht vorbei ist und etwas Schönes auf sie wartet. *Sie beschreiten den schmalen Pfad des richtigen Maßes an Bedeutung, das sie dem Erlebten geben.*

Pim van Lommel, ein Kardiologe, hat ein spannendes Buch geschrieben mit dem Titel *Endloses Bewusstsein,* in dem er die Ergebnisse seiner langjährigen Studie veröffentlichte. In der Studie ging es um Menschen, die eine Nahtoderfahrung hatten und die mit den daraus folgenden Erkenntnissen übliche Erklärungsmodelle wie etwa, dass das Bewusstsein in unserem Hirn stattfindet und nur dort lokalisiert ist, und nachdem das Gehirn seine Funktion aufgegeben hat, auch aufhört zu existieren, infrage stellt. So haben scheinbar Millionen von Menschen bei einer Nahtoderfahrung, obwohl ihr Gehirn nachweislich nicht mehr funktionierte, ein klares Bewusstsein behalten. Denn sie konnten hinterher mit verblüffenden klaren und präzisen Aussagen den Ärzten die Ereignisse während ihres klinischen Todes wiedergeben.

»Dag Hammarskjöld, Friedensnobelpreisträger und UN-Generalsekretär sagte zu diesem Thema: ›Wie wir dem Tod entgegensehen, entscheidet darüber, wie wir im Leben stehen.‹« Über diese Veränderungen der Sicht auf unser Leben schreibt Pim van Lommel in seinem Buch *Endloses Bewusstsein* ab Seite 72 unter anderem Folgendes:

»Eine NTE stellt eine überwältigende Konfrontation mit unbegrenzten Dimensionen unseres Bewusstseins dar. Wenn man selbst keine NTE erlebt habt, macht man sich keine Vorstellung von der Tragweite und den tiefgreifenden Konsequenzen einer solchen Erfahrung, die das bestehende Weltbild völlig auf dem Kopf stellen. Ein Betroffene formulierte es so: ›Ich hatte das Gefühl, ich wäre eine andere Person, aber mit der gleichen Identität.‹

Die meisten Menschen sagen, dass sich ihr Blick auf das, was im Leben wirklich zählt, nach ihrer NTE völlig verändert hätte und sie ihre Furcht vor dem Tod verloren hätten:

›Auch wenn man körperlich tot ist, kann der Geist noch weiterleben. Nur eines ist wichtig: die eigene Einstellung zu den Menschen. Alles geht weiter wie vorher, doch hat sich alles verändert. Heute fühle ich mich sehr ruhig und fürchte mich nicht mehr vor dem Tod. Ich nehme das Leben jetzt so, wie es kommt.‹

Immer wieder wird die größere Wertschätzung und Sinnhaftigkeit des Lebens hervorgehoben. Äußerlichkeiten wie teure Autos, ein großes Haus oder eine prestigeträchtige oder einflussreiche berufliche Stellung verlieren an Bedeutung. Die Nahtoterfahrung erweist sich als eine Lebenserkenntnis, Erfahrung. Oder, wie jemand seinen Einstellungswandel treffend beschrieb, als ein Bewusstwerden durch Erfahrung. Man gewinnt die Einsicht, dass jetzt andere Dinge von Bedeutung sind: Akzeptanz und bedingungslose Liebe für sich selbst, andere und die Natur, also eine Akzeptanz, die auch die eigenen Schattenseiten einschließt. Zudem wird man sich eines universellen Zusammenhangs bewusst: Man erkennt, dass jeder mit allem verbunden ist. Aufgrund dieses Gefühls nennen manche Menschen ihre Erfahrung auch Einheitserfahrung.

Unabhängig von der direkten Ursache einer NTE lässt sich bei Menschen nach einer solchen Erfahrung ein nachhaltiger und tiefgreifender Wandel der Lebenseinstellung, der Glaubensauffassung, der Werte und des Verhaltens beobachten. Die geschilderten Veränderungen lassen sich wahrscheinlich auf das bewusste Erleben einer Dimension zurückführen, in der Zeit und Distanz keine Bedeutung haben, in der es möglich ist, Vergangenheit und Zukunft zu sehen, in der man eins mit sich ist und sich geheilt fühlt und in der man unendliches Wissen und bedingungslose Liebe erfahren kann. Die neue Einsicht beruht nicht mehr auf einem Glauben, sondern auf einem sicheren Wissen.

›Die Folgen für mein weiteres Leben waren so tief greifend: die Erfahrung der Zeitlosigkeit, das Wissen, dass mein Bewusstsein außerhalb meines Körpers weiter existiert. Das genügte, um mein Leben aus den Angeln zu heben.‹

Manche Menschen haben Heimweh nach dem unvergesslichen Gefühl von Frieden, Akzeptanz und Liebe, mit dem sie während einer NTE in Berührung kamen. Auch ihre Lebensveränderungen gehen maßgeblich auf die neu gewonnene Erkenntnis zurück, wie wichtig Liebe und Achtsamkeit sind, und dass der Tod nicht das Ende von allem ist. Nach ihrer NTE wissen sie aus eigener Erfahrung, dass das Leben nach dem körperlichen Tod weitergeht: ›Nach dieser Erfahrung sehe ich alles anders: Es kommt noch etwas nach dem Tod und das ist gut. Der Tod befreit uns nur von unserem Körper.‹

Zur Illustration folgen nun einige Zitate aus einem Interview mit einem Patienten, der acht Jahre zuvor während eines Herzstillstands eine NTE hatte.

›Ich fürchte mich überhaupt nicht mehr vor dem Tod, denn was ich damals erlebt habe, werde ich nie mehr vergessen. Ich bin nun sicher, dass das Leben weitergeht. Im Laufe der Jahre hat sich einiges in mir verändert. Ich spüre eine tiefe Verbundenheit mit der Natur. Der Garten spielt in meinem Leben eine wichtige Rolle. Ich bin viel emotionaler geworden. Ich habe ein starkes Gefühl für Gerechtigkeit entwickelt. Ich bin geduldiger und ruhiger geworden. Ich kann die Dinge gut relativieren. Meine frühere Aggressivität habe ich hinter mir gelassen. Ich habe den starken Drang, nie wieder zu lügen. Ich schweige lieber, als eine Notlüge zu gebrauchen. Doch mit der Einhaltung von Terminen habe ich so meine Schwierigkeiten: damit, dass etwas zu einer bestimmten Zeit fertig sein muss. Doch ich komme einigermaßen damit zurecht. Früher hatte ich keine Ahnung von spirituellen Dingen. Ich interessierte mich nicht dafür. Doch jetzt habe ich hellseherische Kräfte in mir entdeckt, mit denen ich anderen Menschen helfen kann. Ich habe ein sicheres Gespür für die Dinge. Im Laufe der Zeit habe ich gelernt, damit umzugehen. Sie sind zu einem normalen Teil meines Lebens geworden. Heute gehe ich ganz nach meinem Gefühl. Sobald ich anfange nachzudenken, geht es schief. Ich habe gelernt, gut auf meinen Körper zu hören, und genieße das Leben in vollen Zügen. Ich habe jetzt einen Blick für die Dinge, die ich vor meiner Erfahrung gar nicht wahrgenommen habe. Ich finde, dass in der heutigen Welt viel zu wenig aus dem Herzen heraus gelebt wird.‹«

Die landläufige und allgemein anerkannte Meinung, dass wir selbstverständlich menschliche Wesen sind, die eine bewusste Erfahrung machen, und die Tatsache, dass ja jedes Kind das sehen und fühlen kann, lässt keinen Raum für Zweifel. Das kann sein, muss aber nicht die letzte Wahrheit sein, wie Nahtoderfahrungen, die wir eben thematisiert haben, und Totenbettvisionen als Indiz vielleicht zeigen können.

Auch die Totenbettvisionen gehören seit jeher zu den natürlichen Bestandteilen des Sterbeprozesses. Visionen auf dem Sterbebett sind weit verbreitet, sodass nahezu jeder in seinem Verwandten- oder Bekanntenkreis jemanden kennt, der von einem solchen Fall berichten kann. Bei mir ist es die Geschichte des Lebensgefährten meiner Großmutter, der, als sein Leben sich dem Ende zuneigte, laut meiner Großmutter anfing zu fantasieren und immer erzählte, dass seine verstorbenen Freunde ihn voller Freude und Begeisterung besuchen kommen, ihn zum Baden mitnehmen wollen, und dass er so gerne mit ihnen mitgehen würde. Er redete mit ihnen so, als ob sie tatsächlich vor ihm ständen. Nachdem diese Visionen anfingen, dauerte es nicht mehr lange, bis sein Tod eintrat.

Sterbeforscher hatten immer wieder beobachtet, dass Patienten im Endstadium, die verbittert und schwierig gewesen waren, kurz vor dem Sterben ein tiefer Friede überkam. Plötzlich strahlte ihr Wesen eine große Gelassenheit aus. Sterbeforscher beobachteten auch, dass die Sterbenden mit jemandem sprachen, der für die anwesenden Personen nicht sichtbar war, und diese Gespräche sie mit Freude erfüllten.

Seit Jahrhunderten gilt ein solcher medizinisch nicht erklärbarer Stimmungsumschwung als untrügliches Anzeichen dafür, dass der Tod unmittelbar bevorsteht. Könnte es sein, dass sich beim Sterbeprozess unser Bewusstsein langsam, aber sicher von unserem Körper löst, damit der Mensch für den Übergang vorbereitet ist und dieser Ablösungsprozess dafür sorgt, dass die Sterbenden immer mehr von der anderen Welt, die zwar immer da ist und auch von vielen Menschen wahrgenommen wird, aber in der Alltagshektik untergeht, wahrnehmen, da das Bewusstsein nicht mehr so stark an den Körper gebunden ist und getrübt wird? Bei Forschungen stellte man fest, dass die Personen wussten, wann sie sterben würden, egal was die Ärzte für Prognosen stellten.

»Eine siebzigjährige Patientin hatte ihren verstorbenen Ehemann schon mehrere Male gesehen, als sie schließlich ihren eigenen Tod ankündigte. Sie sagte, daß ihr Mann am Fenster erschienen sei und ihr bedeutet hätte, aus dem Haus herauszukommen. Der Grund für seine Besuche war, daß sie sich ihm anschließen sollte. Zu diesem Zeitpunkt waren ihre Tochter und ihre Verwandten bei ihr. In deren Anwesenheit kündigte sie ihren eigenen Tod an, holte ihre Sterbekleidung aus dem Schrank, legte sich für ein Nickerchen hin und verschied etwa eine Stunde später. Sie erschien ruhig in ihren Tod ergeben, und sie wollte auch wirklich sterben. Sie hatte nie von ihrem bevorstehenden Ende gesprochen, ehe sie die Erscheinung ihres Mannes gehabt hatte. Ihr Arzt war dermaßen über diesen plötzlichen Tod, für den es keine ausreichende medizinische Erklärung gab, überrascht, daß er überprüfte, ob sie sich nicht selbst vergiftet hatte. Er fand aber dafür keinerlei Anzeichen und keine entsprechenden Arzneimittel im Haus.«

(Osis/Haraldsson, Seite 21 f.)

Forschern zeigte sich auch immer wieder, dass verstorbene Familienmitglieder den Sterbenden zur Seite stehen und ihnen beim Übergang Gesellschaft leisten.

»Sie wußte, daß sie sterben würde, und erklärte unserer Mutter, wie diese ihre kleinen, persönlichen Habseligkeiten unter ihren Freunden aufteilen solle. Plötzlich hob sie den Kopf, als blickte sie angestrengt auf die Zimmerdecke in der anderen Ecke. Unverwandt schaute sie dorthin und lauschte offenbar einige Zeit, neigte dann ihren Kopf und sagte: ›Ja, Großmutter, ich komme, warte bitte noch ein wenig.‹ Unser Vater fragte sie: ›Siehst du deine Großmutter?‹ Offensichtlich erstaunt über diese Frage, antwortete sie prompt: ›Aber ja, Papa, siehst du sie denn nicht? Da steht sie und wartet auf mich.‹ Bevor sie ihre Aufmerksamkeit schließlich wieder ihrer Großmutter schenkte, die sie offensichtlich drängte, sofort zu kommen, sagte sie jedem von uns Aufwiedersehen. Ihre Stimme klang sehr matt und schwach, doch der Ausdruck ihrer Augen, als sie jeden noch einmal kurz ansah, war so lebendig und wach wie nur möglich. Dann heftete sie die Augen fest auf ihre Vision und sagte, so schwach, daß wir ihre Worte gerade noch hören konnten: ›Ja, Großmutter, ich komme jetzt.‹ Dann starb sie.«

(Currie, Seite 155)

»Sie führte eine zärtliche Unterhaltung darüber, wie sehr sie ihn (ihren verstorbenen Mann) liebte, wie sehr sie ihn vermisst hatte und wie bestimmt sie wußte, daß sie ihm nachfolgen würde. Sie sagte:

›Es wird jetzt nicht mehr lange dauern, bis ich bei dir bin.‹«

(Osis/Haraldsson, Seite 66 f.)

Ein weiteres Phänomen zeigt sich in den Fällen, in denen der Patient in der Vision Verwandte sieht, die soeben gestorben sind, von deren Ableben er aber nachweislich nichts gewusst haben konnte.

»Ihre Schwester Vida war vor über zwei Wochen gestorben. Da Doris zur Zeit des Todes von Vida schwer krank war, wies die Oberschwester der Klinik die Familie an, ihr nichts vom Tod ihrer Schwester zu erzählen. Als der Tod nach ihr griff, rief sie plötzlich: ›Ich sehe Vater; er will, daß ich komme.‹ Sie sprach mit ihrem Vater und sagte: ›Ich komme‹, und drehte sich dabei zu mir. Sie blickte wieder auf die gleiche Stelle und sagte ziemlich verwirrt: ›Vida ist bei ihm.‹ Dann wandte sie sich wieder zu mir und sagte ziemlich verwirrt: ›Vida ist bei ihm.‹«

(Currie, Seite 163)

»Ich saß auf ihrem Bett und ergriff ihre Hand. Sie war glühend heiß. Da schien Eleanor sich im Bett aufsetzen zu wollen. ›Natalie‹, sagte sie, ›so viele sind da. Fred ist da ... und Ruth – was tut sie hier?‹ Es war wie ein elektrischer Schlag. Ruth, hatte sie gesagt. Ruth war ihre Cousine, die ganz plötzlich in der vorigen Woche gestorben war. Aber ich wußte, daß man Eleanor nichts von dem unerwarteten Tod erzählt hatte. Ihre Stimme war überraschend klar. ›Ich bin so durcheinander. So viele von ihnen sind da.‹ Plötzlich streckte sie mit einem glücklichen Ausdruck ihre Arme aus. ›Ich gehe hinauf‹, murmelte sie. Und Eleanor starb.«

(Currie, Seite 163 f.)

Osis und Haraldsson geben sich in ihrem Buch *Der Tod – ein neuer Anfang* jede erdenkliche Mühe, um Erklärungsmodelle für das Auftreten derartiger Visionen zu finden. Alle diese Erklärungsversuche konnten anhand der dokumentierten Krankengeschichte ausgeschlossen werden, wie zum Beispiel medikamentös verursachte Halluzinationen, Sauerstoffmangel, Fieberträume, Stress, Wunschvorstellungen oder religiöse Hintergründe.

Die Zusammenfassung von Osis und Haraldssons Arbeit hört sich folgendermaßen an:

»Die Visionen im Sterbebett können weder durch medizinische, noch durch psychologische, noch durch kulturelle Bedingungen wegdiskutiert werden. Zudem sind sie relativ unabhängig vom Alter, vom Geschlecht, von der Erziehung, von der Religion und von der sozialen Stellung der Betreffenden.

Wenn wir mit kurzem Blick das übrige Beweismaterial aus anderen kompetenten Forschungen zu dieser Frage streifen und es mit unseren Ergebnissen zusammen betrachten, so gelangen wir zu der Überzeugung, daß die Gesamtheit der vorliegenden Informationen einen auf Tatsachen beruhenden, rationalen und damit realistischen Glauben an ein Leben nach dem Tod ermöglicht.«

(Osis/Haraldsson, Seite 21)

Wüssten wir, dass es unseren verstorbenen Liebsten gut geht, sie weiter existieren, auch weiter an unserem Leben teilhaben und uns noch helfen, unterstützen und beschützen, hätte dieses Bewusstsein einen großen Einfluss auf unser Leben und unser Befinden, denn es würde uns in einer schwierigen Situation Trost spenden. Wir würden immer noch traurig sein über den Verlust einer geliebten Person, den wir hier auf Erden erfahren haben. Diese Trauer ist auch wichtig und hilft uns, die geliebte Person loszulassen und unser Leben weiterzuleben. Aber unsere Trauer würde nicht in einer Tragödie enden, die unserem Leben ebenfalls ein Ende setzt, ohne dass wir gestorben wären. Wir würden auch eine unserer größten Ängste verlieren, die uns manchmal das Leben nicht genießen lässt, die Angst vor dem Tod würde viel von ihrem Schrecken verlieren und die Sicht auf unser Leben verändern.

Ein ungeborenes Zwillingspärchen unterhält sich im Bauch seiner Mutter.

»Sag mal, glaubst du eigentlich an ein Leben nach der Geburt?«, fragt der eine Zwilling.

»Ja, auf jeden Fall! Hier drinnen wachsen wir und werden stark für das, was draußen kommen wird«, antwortet der andere Zwilling.

»Ich glaube, das ist Blödsinn!«, sagt der erste. »Es kann kein Leben nach der Geburt geben – wie sollte das denn bitteschön aussehen?«

»So ganz genau weiß ich das auch nicht. Aber es wird sicher viel heller als hier sein. Und vielleicht werden wir herumlaufen und mit dem Mund essen?«

»So einen Unsinn habe ich ja noch nie gehört! Mit dem Mund essen, was für eine verrückte Idee. Es gibt doch die

Nabelschnur, die uns ernährt. Und wie willst du herumlaufen? Dafür ist die Nabelschnur viel zu kurz.«

»Doch, es geht ganz bestimmt. Es wird eben alles nur ein bisschen anders.«

»Du spinnst! Es ist noch nie einer zurückgekommen von ›nach der Geburt‹. Mit der Geburt ist das Leben zu Ende. Punktum.«

»Ich gebe ja zu, dass keiner weiß, wie das Leben nach der Geburt aussehen wird. Aber ich weiß, dass wir dann unsere Mutter sehen werden und sie wird für uns sorgen.«

»Mutter??? Du glaubst doch wohl nicht an eine Mutter? Wo ist sie denn bitte?«

»Na hier – überall um uns herum. Wir sind und leben in ihr und durch sie. Ohne sie könnten wir gar nicht sein!«

»Quatsch! Von einer Mutter habe ich noch nie etwas bemerkt, also gibt es sie auch nicht.«

»Doch, manchmal, wenn wir ganz still sind, kannst du sie singen hören. Oder spüren, wenn sie unsere Welt streichelt …«

(Geschichte nach Nouwen, Seite 36 f.)

Fünf wichtige Eigenschaften

Vergiss Sicherheit.
Lebe, wo du fürchtest zu leben.
Zerstöre deinen Ruf.
Sei berüchtigt.

RUMI

Die fünf Eigenschaften, die es für ein gutes Stressmanagement und ein glückliches Leben braucht, sind:

1. Authentisch sein
2. Selbstvertrauen
3. Mut
4. Innere Stärke und Stabilität
5. Zufriedenheit

Das ist der Weg zur Liebe, die unsere Essenz ist und von der Natur unterstützt wird.

Erste Eigenschaft: Authentisch sein

Wir müssen authentisch sein, also so sein, wie wir sind und nicht so, wie andere es vielleicht von uns erwarten oder wie wir das Gefühl haben, dass andere von uns es erwarten. Es geht darum, sich so zu zeigen, wie man ist und wie man sich gerade fühlt, ohne sich zu verstellen oder zu verstecken.

Der nachfolgende Satz zeigt wunderbar die Problematik und die Konsequenzen, die aus dem Stress einer nicht authentischen Haltung entstehen. Ich habe ihn auf Facebook gefunden am Mittag vor meiner ersten Buchvorstellung. Ich hatte bis zu diesem Zeitpunkt noch keine Ahnung, was ich am Abend bei der Präsentation meines ersten Buches sagen wollte. Doch ich wusste, dass zum richtigen Zeitpunkt der richtige Impuls kommen würde. Und so war es, auch wenn ich zwischendurch die eine oder andere Angstattacke hatte und mein Verstand mir sagte, du musst dich endlich um den Inhalt der Präsentation kümmern. Doch auf meine Intuition war Verlass, als ich vom morgendlichen Spaziergang mit meinem Hund nach Hause kam, setzte ich mich an den Computer und stöberte in den Facebook-Nachrichten meiner Frau. Dort stolperte ich über diesen Text:

»Stress, Angst, Panikattacken, Persönlichkeitsstörungen, Burn-out und Depressionen sind kein Zeichen von Schwäche. Es sind Zeichen, dass man zu lange versucht hat, stark zu sein.«

Viele fürchten sich und haben Angst, sich so zu zeigen, wie sie sich im Moment gerade fühlen, weil sie glauben, sie würden eine Schwäche von sich verraten. Wenn sie zum Beispiel nervös sind vor einer Rede, realisieren sie nicht, wie schädlich das für ihren Körper ist und wie viel Stress sie durch das Verstecken und Überspielen ihres Befindens produzieren. Gerade wir Männer haben das Gefühl, dass wir alles immer unter Kontrolle und im Griff haben müssen. Daher erstaunt es nicht, dass bei Männern die Herzerkrankungen und die Herzinfarkt-Rate höher ist als bei Frauen. Durch dieses unmögliche Verlangen, alles im Griff haben zu wollen, setzen wir uns dermaßen unter Druck, dass unsere Körper immer mehr Spannung aufbauen und am Ende der ganze innere Druck den Dampfkochtopf zum Explodieren bringt.

Ich möchte anhand meiner eigenen Erfahrungen zeigen, dass es beispielsweise keine Schwäche ist, wenn man vor einem Referat nervös ist. Diese Reaktion des Körpers, oder besser gesagt des autonomen Nervensystems, ist viel eher ein Zeichen dafür, dass wir vollkommen gesund sind und unser Körper uns nur vor einer drohenden Gefahr retten will. Denn er hat in der Vergangenheit gelernt, dass diese Situationen potenziell gefährlich sind und wir verletzt werden könnten. Weil uns dieser Mechanismus nicht bewusst ist, glauben wir, dass diese Reaktion des Körpers aus einer Schwäche heraus entsteht und dass etwas nicht in Ordnung ist mit uns.

Ich erlebe dieses Phänomen immer wieder, wenn ich Referate halte. Lange Zeit habe ich geglaubt, dass irgendetwas mit mir nicht in Ordnung ist. Denn jedes Mal, wenn ich vor Leuten sprechen musste oder durfte, überkam mich eine unglaubliche Nervosität, mein Herz fing an zu rasen, der Atem wurde flach, meine Beine fingen an zu zittern, ich bekam weiche Knie und dachte nur, was zum Henker ist denn mit dir los. Du arbeitest jetzt schon seit Jahren beim Fernsehen, dort bist du nie nervös, und jetzt machst du dir in die Hose, wenn du vor ein paar Leuten sprechen sollst? Ich dachte wirklich lange, dass ich einen an der Klatsche hätte, und ich redete auf mich ein, dass es doch nicht normal sei, dass ich vor einem zum Teil Millionenpublikum vor dem Fernseher keine Probleme hatte zu sprechen, aber in einem Raum mit egal ob 5, 20, 100 oder 300 Leute fast in Panik gerate. Als ich mir jedoch des Mechanismus' bewusst wurde, was genau meine Nervosität auslöste, wenn ich vor Publikum sprechen musste, fiel mir ein Stein vom Herzen und der innere Konflikt mit der eigene Verurteilung und dem zusätzlichen Stress, der daraus entstand, war weg. Endlich konnte ich anfangen, einen gesunden Umgang mit meiner Nervosität zu pflegen. Was dazu führte, dass sich meine Nervosität zwar nicht in Luft auflöste, aber nicht mehr ganz so bedrohlich war und sich durch meinen jetzt entspannten Umgang mit ihr beruhigte. Sie wurde immer etwas weniger, dauerte kürzer und war nicht mehr so intensiv.

Mir wurde bewusst, dass meine Reaktion des autonomen Nervensystems – Nervosität vor dem Sprechen vor Leuten – mit Erlebnissen aus meiner Vergangenheit zu tun hatte, bei denen ich verletzt wurde. Daher macht mein autonomes Nervensystem meinen Körper bereit zu kämpfen oder zu flüchten, wenn eine ähnliche Situation auftritt.

Ich möchte Ihnen hier zwei Beispiele von vielen aus meinem Leben beschreiben, die mir lebhaft in Erinnerung geblieben sind, und die zu dieser Interpretation meines autonomen Nervensystems geführt haben, dass es potenziell gefährlich ist, vor Leuten zu sprechen und man in diesen Situationen leicht verletzt werden kann.

Das erste Ereignis fand in der vierten Klasse statt, als wir das erste Mal in ein Klassenlager fuhren und die Klassenlehrerin die glorreiche Idee hatte, dass am letzten Abend immer zwei Kinder zusammen auf einer Bühne der Klasse einen Tanz vorführen sollten. Für die Mädchen war das kein Problem, haben diese doch meistens ein gutes Rhythmusgefühl. Für ein paar Jungs war es auch kein Problem, für mich hingegen, der nicht wirklich mit Rhythmus im Blut geboren wurde, war diese Aufgabe schon eher eine größere Herausforderung. Da ich in der freien Zeit auch noch lieber draußen Fußball spielte, als drinnen mit meinem Kollegen unseren Tanz zu üben, kam es, wie es kommen musste und die Katastrophe war unumgänglich. Am Freitagabend war es so weit, wir saßen alle in einem großen Raum, in dem eine kleine Bühne aufgestellt war, und schauten unseren Klassenkameraden beim Tanzen zu. Wie es der »Zufall« so wollte, waren mein Kollege und ich als Letzte an der Reihe, die anderen hatten ihre Aufgabe mehr oder weniger mit Bravour gemeistert, als wir die Bühne betraten. Die Musik fing an zu spielen und wir an zu tanzen, oder vielleicht besser gesagt, an zu zucken, denn von tanzen konnte keine Rede sein. Es vergingen keine zehn Sekunden, und die ganze Klasse brach in lautes Gelächter aus. Alle kugelten sich auf dem Boden und konnten sich nicht mehr einkriegen. Ich schämte mich auf der Bühne für mich selbst, es war mir so unangenehm und peinlich, dass ich am liebsten im Erdboden versunken oder heulend aufs Zimmer gerannt wäre. Aber wir haben den Tanz zu Ende gebracht. Danach fing der Spießrutenlauf erst an. Sie können sich vorstellen, welche kompetenten Kommentare von den Klassenkameraden an uns herangetragen wurden, wenn man bedenkt, wie ehrlich und schonungslos Kinder manchmal sind. Doch ich stand dabei und tat so, als würde mich das Ganze nicht interessieren. Zu jedem dummen Sprücheklopfer sagte ich nur, wen interessiert schon tanzen, lass uns rausgehen und Fußball spielen, dann sehen wir, wem das Lachen im Hals stecken bleibt. Ich will ja nicht Tänzer, sondern Fußballer werden.

Das Programm, dass Jungs stark sein müssen, war bei mir schon erfolgreich installiert worden und tat seinen Dienst, was nach außen erfolgreich demonstrierte, dass mir solche Ereignisse nichts anhaben können und sich jeder über mich lustig machen kann, ohne dass mich das auch nur im Geringsten kratzen würde.

Die Wahrheit war natürlich eine andere, ich war zutiefst verletzt, ich habe mich für mich geschämt, und diese Situation war für mein Inneres der wahre Horror. Diese Situation mit diesem Setting hat sich mein Körpercomputer natürlich gemerkt und auf der Festplatte fest verankert.

Das zweite Ereignis dieser Art, das unter anderem auch dazu geführt hat, dass das Reden vor Leuten für mich lange Zeit das blanke Entsetzen in mir auslöste, war Folgendes.

In der neunten Klasse hatten wir einen Musiklehrer, der passionierter Klavierspieler war, und auch er hatte eine glorreiche Prüfungsidee, nämlich dass jeder Schüler einzeln vor der ganzen Klasse, begleitet von ihm am Klavier, ein Lied vorsingen musste. Auch hier, für die meisten Mädchen kein Problem, für einige Jungs auch nicht, für mich nicht von der Musikmuse geküsster talentfreier Sänger, ohne Rhythmus und Taktgefühl ausgestatteter Fußballer, war diese Prüfung dann doch des Guten zu viel.

So entschied ich mich, mir am Tag der Prüfung urplötzlich eine aus dem nichts auftauchende Krankheit einzufangen, die mir nicht erlaubte, am Schulunterricht teilzunehmen. Da Denken manchmal Glücksache ist, glaubte ich in der nächsten Singstunde, die im nächsten Semester stattfand, dass der Kelch der Singprüfung an mir vorbeigegangen sei. So war das Entsetzen dementsprechend groß, als der Lehrer, als sich die Musikstunde schon dem Ende zuneigte, mich nach vorne bat, um der Klasse meine Singkünste vorzuführen und die Prüfung nachzuholen.

Der Schock muss tief gesessen haben, denn ich weiß nicht mehr, wie ich es mit meinen zitternden Beinen und weichen Knien überhaupt bis nach vorn geschafft habe. Doch ab da sind die Erinnerungen noch sehr präsent, lebhaft und klar. Ich stand vor der Klasse, schräg nach hinten versetzt zu meiner Rechten saß der Musiklehrer an seinem Klavier und fing an zu spielen. Als untalentierter, singender Teenager, dem der Fakt, dass er sich mitten im Stimmbruch befand, was in dieser Situation auch nicht gerade hilfreich war, wenn man sich ja schon beim Reden für jeden schrägen Quietscher schämte, war das Desaster vorbereitet.

Der Lehrer fing also an, in die Tasten zu hauen, und ich an zu singen. Ich glaube zwar nicht, dass man dazu singen sagen konnte, aber meine Lippen bewegten sich und es kamen auch Töne aus meinem Mund. Auch hier vergingen keine zehn Sekunden und meine Mitschüler saßen mit feuchten Augen und Grimassen vor mir, weil sie versuchten, sich das Lachen zu unterdrücken. Aber nach etwa 30 Sekunden brachen alle Dämme und das Gelächter war unüberhörbar, auch wenn der Raum plötzlich wie von Zauberhand leer zu sein schien, da alle ihre Köpfe unter dem Pult zu verstecken suchten. So stand ich also als 15-jähriger Teenager da, in einem Alter, in dem man beide Geschlechter aus unterschiedlichen Gründen doch eher beeindrucken möchte, als sich vor allen zum Affen zu machen.

Hätte ich ein Stand-up Comedy-Programm zum Besten gegeben, wäre ich bei den zahlreichen lauten Lachern begeistert und stolz auf mich gewesen. Doch so, als singender Troubadix vor der versammelten Klasse zu stehen, war wieder beschämend, und auch hier wäre ich am liebsten im Erdboden versunken. Es war mir zutiefst peinlich und ich habe mich einmal mehr für mich geschämt. Am liebsten wäre ich auch hier heulend aus dem Raum geflüchtet, denn ich war zutiefst verletzt. Auch dieses Ereignis ist von meinem Körpercomputer auf der Festplatte registriert worden, und wieder wurde mein Nervensystem darin bestätigt, dass es keine gute Idee ist, vor Leuten zu stehen, dass diese Situationen potenziell gefährlich sind und man leicht verletzt werden kann.

Nach einer gefühlten halben Stunde war dann das Lied endlich beendet, ich aber leider von der Qual noch nicht befreit. Denn jetzt gingen die Sprüche auf meine Kosten erst richtig los, und die Artikulation in diesem Alter ist noch mal verfeinert und pointierter geworden im Vergleich zur vierten Klasse. Aber auch hier habe ich mir nichts anmerken lassen, ich bin ja schließlich ein Mann, oder zumindest schon fast, ich bin verbal in die Offensive gegangen und habe mich selbstverständlich zur Wehr gesetzt. In dieser Situation half mir zur äußeren Wahrung der Fassade natürlich auch, dass ich – was die körperliche Kraft anbelangte – den anderen überlegen war, was die anderen sich etwas vorsichtiger verhalten ließ, so hatte ich wenigstens noch einen Trumpf im Ärmel.

Aber auch hier nützte das in Tat und Wahrheit alles nichts, denn ich war am Boden zerstört, machte mir Gedanken darüber, was die anderen wohl von mir denken würden, und hatte Angst, dass sie über mich lachen würden. Ich schämte mich für mich selbst und hatte das Gefühl, mich lächerlich gemacht und blamiert zu haben. Die Verletzung saß tief, auch wenn sie natürlich schnell verdrängt war und der normale Alltag mich bald wieder hatte.

Das sind nur zwei von vielen Beispielen, die dazu geführt haben, dass mein autonomes Nervensystem, sobald es weiß, dass ein Auftritt vor Publikum stattfindet und das Setting so ist, dass Leute mich anschauen und ich etwas präsentieren muss, sofort reagiert und meinen Körper durch das Ausschütten von Kampf- und Fluchthormonen bereit zum Kampf macht. Das Immunsystem wird auf ein Minimum heruntergefahren, das Blut wird aus dem Bauch-

und Kopfraum abgezogen, um alle Ressourcen in die Beine und Arme zu geben, damit bei großer Gefahr das unmittelbare Überleben gesichert werden kann. Verdauen, Viren und Bakterien jagen und bekämpfen kann man später wieder, denn absolute Priorität ist, dass der Säbelzahntiger uns nicht erlegt.

Als ich mir dieser Zusammenhänge bewusst wurde, fiel es mir wie Schuppen von den Augen, dass diese Reaktion in bestimmten Situationen keine Schwäche ist, sondern nur ein Zeichen, dass mein Organismus wunderbar und gesund ist, und er alles dafür tut, damit mir nichts geschieht und es mir gut geht. Weshalb sollten wir unseren Organismus für diesen Dienst, den er uns leistet, noch kritisieren und ihn dadurch noch zusätzlich mit Stress belasten, indem wir uns darüber aufregen?

Auch wurde mir bewusst, weshalb so viele Menschen Probleme haben, vor anderen zu sprechen. Durch meine eigene Nervosität faszinieren mich natürlich Leute, die auf der Bühne stehen und in einer Souveränität, Klarheit und Lockerheit Referate halten, bei denen große Bewunderung in mir aufsteigt. Dadurch, dass ich bei Anlässen vielfach auch Backstage sein kann, erlebe ich meine Idole auch Backstage, und bei vielen offenbart sich erst dort nach getaner Arbeit die Wahrheit. Ein Bier wird bestellt, um herunterzukommen, und das Sakko wird ausgezogen. Hier erscheinen dann die großen Schweißflecken unter den Armen, die mich vermuten lassen, dass die innere Welt dem äußeren Schein nicht immer entsprochen hat und doch irgendwo ein innerer Druck vorhanden war. Aber anmerken ließen sie sich nichts, wie in jedem Kommunikationsseminar gelernt wird, standen sie aufrecht, ruhig, still und souverän auf der Bühne und sprachen mit lauter, deutlicher Stimme. Diese Art der Vorträge ist zwar nicht die gesündeste, aber mit Sicherheit die überzeugendste.

Würde ich es bei meinen Vorträgen so machen, würde ich nach ein paar Minuten aus Sauerstoffmangel mit blauem Kopf bewusstlos auf der Bühne liegen. Deshalb und im Hinblick auf meine weitere Gesundheit habe ich mich für meine Art, Vorträge zu halten, entschieden. Ich gebe meiner Nervosität und dem Fakt, dass mein Organismus auf Kampf und Flucht eingestellt ist, Platz und bewege mich auf der Bühne hin und her, ohne wie ein eingesperrter wilder Tiger zu wirken, aber doch so, dass mein Blut, das sich ja jetzt mehrheitlich in meinen Armen und Beinen befindet, zirkulieren kann. Das sieht zwar nicht so souverän aus und wird von Fachleuten kritisiert. Ich nehme in Kauf, nicht perfekt zu sein, dafür ist es für mich aber angenehmer und gesünder. Mein autonomes Nervensystem beruhigt sich allmählich, indem ich mit tiefen Atemzügen während des Redens ihm zu verstehen gebe, dass alles in Ordnung ist und ich in Sicherheit bin.

Der Atem ist der einzige Kommunikationskanal zu unserem autonomen Nervensystem. Unser Atem beeinflusst unseren Herzschlag und die Signale unseres Herzens werden zum autonomen Nervensystem weitergeleitet. Dieses versteht nur die Sprache des Herzens, das über den Atem gesteuert werden kann. Wir können uns noch tausend Mal sagen, wir seien in Sicherheit und es ist doch nur ein Vortrag, den ich hier halte, es nützt nichts, unser autonomes Nervensystem versteht uns nicht.

Befinden wir uns aber in einer vom Organismus als bedrohlich eingestuften Situation und atmen dann ruhig, langsam und tief, weiß unser Organismus, dass wir in unserer Höhle mit dem Stein vor dem Eingang, der dem Säbelzahntiger den Eintritt verwehrt, am Feuer in Sicherheit sind. Diese Botschaft versteht unser Organismus, denn er weiß, dass wir, sollten wir kämpfen oder flüchten, wir nicht langsam, ruhig und tief atmen könnten. Selbst wenn wir uns vor unserem Widersacher totstellen würden, würden wir wohl kaum tief atmen, außer wir wollten sichergehen, dass wir auch tatsächlich erlegt werden.

Ich erlebe es immer wieder, dass wir alle im Laufe unserer Zeit hier auf Erden viele Situationen hatten, in denen wir in einer Gruppe etwas gesagt haben und dafür kritisiert oder ausgelacht wurden. Daher haben wir alle irgendwelche Verletzungen und Narben davongetragen, die immer noch Wirkung zeigen in unserem Leben. In der Schule und auch in Fußballvereinen passiert es sehr häufig. Aber weil jeder so tut, als würde ihm das nichts ausmachen, machen sich die wenigsten bewusst, welche Auswirkungen das haben kann oder Gedanken darüber, wie man in solchen Situationen miteinander umgehen sollte.

Wollen wir also ein stressfreies glückliches Leben führen, kommen wir nicht darum herum, authentisch zu sein und uns so zu zeigen, wie wir uns im Moment fühlen, ansonsten geht der Krug zum Brunnen, bis er bricht.

Zweite Eigenschaft: Selbstvertrauen

Das Leben beginnt dort,
wo die Furcht endet.
OSHO

Damit wir aber authentisch sein können, brauchen wir Selbstvertrauen. Jetzt sind wir bei einem Thema, das für mich unglaublich spannend ist, weil es um etwas geht, das vor allem im Sport eine große Bedeutung hat. Wenn man Interviews von Sportlern, Trainern, Funktionären oder Sportberichte von Journalisten hört oder liest, kommt in 90 Prozent der Fälle Selbstvertrauen vor. Man könnte meinen, dass das Selbstvertrauen an allem schuld sei: Bei Niederlagen hatte man keines und bei Siegen sprühte man vor Selbstvertrauen. Bei Sportlern in der Krise stimmt das Selbstvertrauen einfach nicht und solche, die auf der Siegerstraße fahren, können sich vor lauter Selbstvertrauen kaum noch retten.

Gerade weil Selbstvertrauen ein so populäres wie auch wichtiges Element zu sein scheint und ist, bin ich immer wieder überrascht, wenn ich mit Menschen aus dem Sport über Selbstvertrauen rede, dass die wenigsten eine Ahnung haben, was dieses so wichtige Etwas, das sich Selbstvertrauen nennt, überhaupt ist. Ich habe mir mittlerweile einen Sport daraus gemacht (den ich wohl nach der Veröffentlichung dieses Buches beenden muss), im Laufe eines Gesprächs, bei dem es um Selbstvertrauen geht, zu fragen, was Selbstvertrauen denn überhaupt sei. Es ist immer wieder herrlich, in die verdutzten Gesichter zu schauen, die ob der Einfachheit der Frage, die dann dem Entsetzen weicht, dass viele in dem Moment erst realisieren, dass sie noch nie darüber nachgedacht haben, was Selbstvertrauen denn überhaupt sei. Schließlich ist es ja logisch, Selbstvertrauen ist Selbstvertrauen, weshalb also sollte man sich jemals darüber Gedanken machen. Nach ein paar Sekunden löst sich dann der Knoten allmählich und das Denk- und Sprachzentrum, das für einen Moment außer Gefecht gesetzt wurde, fängt wieder an zu funktionieren. Und dann kommt in 90 Prozent der Fälle folgende Antwort. Ich nehme hierfür selbstverständlich wieder ein Fußballbeispiel:

»Selbstvertrauen ist, wenn ich weiß, dass ich ein guter Fußballer bin, weil ich einen guten rechten Fuß habe, einen guten Antritt und den meisten über eine Distanz von 20 Metern davonlaufe, flanken kann ich auch, und wenn ich zum Abschluss komme, wird es für jeden Torwart schwierig, den Ball zu halten. Ich weiß, ich bin ein guter Fußballer und habe alle Fähigkeiten, die es braucht, um da raus zu gehen und eine gute Leistung zu zeigen. Wenn ich mit dieser Überzeugung auf den Platz gehe, dann habe ich Selbstvertrauen.«

Meine Antwort dazu ist dann immer: Knapp daneben ist auch vorbei. Das hat nichts, aber auch rein gar nichts mit Selbstvertrauen zu tun, sondern ist das Vertrauen in die eigenen Fähigkeiten. Was absolut gut, richtig und wichtig ist, wenn man das nicht nur als Sportler hat, denn diese Eigenschaft erhöht die Chance, erfolgreich zu sein, aber sie hat nichts mit Selbstvertrauen zu tun.

Selbstvertrauen ist eine ganz andere Geschichte. Selbstvertrauen ist, sich selber, also seinen ganz eigenen Impulsen zu vertrauen. Beim Fußballspielen sowie allgemein im Leben auch, hat man immer verschiedene Optionen, aus denen man seine Handlung auswählen kann. Im Alltag hat man meistens genug Zeit, um hin und her zu überlegen, was es nicht immer einfacher macht, seinen Impulsen zu folgen. Beim Fußballspielen aber hat man meistens keine Zeit, zu überlegen, welche der sich mir bietenden Optionen nun die beste ist. Man muss sofort handeln, ohne zu zögern und zu überlegen, sondern seinem ersten Impuls folgen, ansonsten handeln wir immer zu spät, und egal welche Option wir dann wählen, sie wird in die Hose gehen. Deshalb hören Sie auch immer bei Sportlern, wenn es nicht lief, dass sie zu viel nachgedacht hätten.

Dieses Selbstvertrauen war es, was ich am Fußballspiel so geliebt habe und was dieses Spiel für mich zu etwas Magischem gemacht hat. Weil diese magischen Momente im Fußball bei mir häufig vorkamen, aber auch viele, in denen ich dieses Selbstvertrauen nicht hatte und meinen Impulsen nicht vertraute, deshalb kann ich die Magie des Selbstvertrauens auch am besten mit Beispielen aus dieser Zeit erklären.

Wenn ich Selbstvertrauen hatte, stand ich zum Beispiel in der gegnerischen Hälfte mit dem Rücken zum gegnerischen Tor. Ein langer hoher Ball wird zu mir gespielt und ich habe den Impuls, dass auf der rechten Seite ein Mitspieler von mir ganz frei steht, und wenn ich den Ball jetzt direkt dorthin spiele, kann mein Mitspieler ganz allein aufs

Tor zulaufen. Wenn er dann alles richtig macht, kann er ein Tor erzielen, wenn nicht, ist es sein Problem, nicht meines. Also habe ich meinem Impuls vertraut, den Ball direkt auf die rechte Seite gespielt und tatsächlich stand da ein Mitspieler von mir, der völlig frei stand und allein aufs Tor ziehen konnte. Meistens ist aus solchen Situationen ein Tor entstanden, weil der Gegner völlig perplex war und nicht mit einer solchen Aktion gerechnet hatte.

Besaß ich aber in solchen Situationen kein Selbstvertrauen, also habe meinen Impulsen nicht vertraut, so kam der hohe lange Ball zu mir, ich aber traute meinem Impuls – dass ein Mitspieler von mir auf der rechten Seite ganz frei stand – in diesem Augenblick nicht und versicherte mich mit einem kurzen Seitenblick, dass dort wirklich jemand aus meiner Mannschaft frei stand. Natürlich stand er dort und ich orientierte mich wieder zurück zum Ball, der auf mich zukam. Aber weil ich kurz weggeschaut hatte, war der Ball schon zu nah, sodass ich ihn nicht mehr direkt weiterleiten konnte. So nahm ich den Ball zuerst an, um ihn dann zu meinem freien Mitspieler auf der rechten Seite weiterzuspielen. Und nun nimmt, weil ich meinem Impuls nicht vertraut hatte, das Elend seinen Lauf. Ich wusste ja jetzt, dass ein Mitspieler von mir rechts vorne frei stand, also schaute ich natürlich nicht noch einmal nach, ob er sich womöglich in Luft aufgelöst hatte, bevor ich den Ball dorthin spielte.

Da die meisten Gegenspieler nicht ganz so dumm waren, haben sie meist wahrgenommen, dass ich auf die rechte Seite geschaut hatte und dass ich demnächst den Ball dorthin spielen würde. Der Verteidiger machte sich schon auf den Weg dorthin, und als der Ball von mir dort ankam, war er zur Stelle und leitete den Gegenangriff ein.

Oder ein anderes Beispiel, ein Stürmer kommt auf einen Innenverteidiger zu, dieser hat den Impuls rauszugehen, er folgt, ohne zu zögern, diesem Impuls, ist so zum richtigen Zeitpunkt am richtigen Ort und kann dem Angreifer den Ball vom Fuß wegschnappen. Hat der Verteidiger in dieser Situation kein Selbstvertrauen, so schaut er kurz links und rechts, um sicher zu sein, dass seine Mitspieler auch richtig positioniert sind, damit er rausgehen kann. Nach dem kurzen Kontrollblick, der ihm die Gewissheit gab, dass alles in Ordnung ist und sein Impuls richtig, geht er raus, kommt so aber leider den Bruchteil einer Sekunde zu spät, sodass der Angreifer den Ball mit der Fußspitze noch am Verteidiger vorbei zu einem Doppelpass spielen kann, und schon ist dieser ausgespielt und dem Gegner eröffnet sich eine große Chance.

Das ist auch das Phänomen bei Mannschaften oder Spielern in einer Krise, sie haben kein Selbstvertrauen mehr, sie trauen ihren Impulsen also nicht mehr, weil sie Angst haben, einen Fehler zu machen. Genau aus dieser Angst heraus produzieren sie dann Fehler um Fehler. Es ist eine sich selbst erfüllende Prophezeiung, man hat Angst vor Fehlern und begeht aus dieser Angst heraus genau das, was man unter allen Umständen verhindern wollte, nämlich Fehler, weil man immer einen Bruchteil einer Sekunde zu spät agiert.

Zu dem Thema fällt mir gerade eine Szene aus *Kung Fu Panda* ein, in dem die weise Schildkröte Ugwei zu Shifu, dem Lehrmeister vom Panda Po, sagte, als dieser von der Prophezeiung hörte, dass sein größter und gefährlichster Gegner, der Schneeleopard Tai Lung, aus dem Hochsicherheitsgefängnis Shorgon flüchten würde: »Meistens treffen wir unser Schicksal auf dem Weg, auf dem wir dieses verhindern wollen.«

Wie recht er doch hat. Deshalb heißt es bei Mannschaften in einer Krise immer, sie würden nicht kämpfen, weil sie die meisten Zweikämpfe verlieren, doch das hat nichts mit kämpfen zu tun, sondern damit, dass sie durch ihr Zögern immer einen Schritt zu spät sind und daher nicht in die Zweikämpfe kommen, dann sieht es auf der Tribüne tatsächlich so aus, als wollten die Spieler nicht. Aber genau das Gegenteil ist der Fall, sie wollen zu viel und alles perfekt machen, jeden Fehler vermeiden, doch das ist eine Illusion. Perfektion gibt es nicht, denn Fehler gehören zu diesem Spiel wie der Ball. Ich habe in den vielen Jahren, in denen ich mich im Fußball-Business bewege, noch nie jemanden getroffen der gescheitert wäre, weil er zu wenig wollte. Niemand spielt absichtlich schlecht, aber ich habe schon ganz viele gesehen, die gescheitert sind, weil sie zu viel wollten und dann durch diesen inneren Druck verkrampft waren, wenn es darauf ankam. Das waren die Trainingsweltmeister, denen es nicht an Talent mangelte, sondern am Selbstvertrauen.

Wenn ich das in Diskussionen erwähne, kommt immer Widerstand auf, dass es doch sichtbar sei bei manchen, dass sie nicht wirklich wollten, nicht alles für den Erfolg täten und sie das Ganze einfach nicht ernst genug nähmen. Das kann ich dann auch immer bestätigen, denn das Brutale für die Beteiligen ist, dass es von außen wirklich so aussieht, wenn sie spielen, als würden sie nicht alles geben, und weil die wenigsten in diesem Business diesen Mechanismus verstehen, machen sie diesen Spielern, denen es eh schon an Selbstvertrauen mangelt und die große Angst haben, Fehler zu machen, noch zusätzlich Druck, schreien sie an und glauben, dass sie ihnen so helfen würden, ihr volles Potenzial auszuschöpfen. Doch auch da geht der Schuss nach hinten los, die Spieler blockieren noch mehr und werden immer schlechter.

Besonders bei Mannschaften in der Krise kommt früher oder später der Dampfhammer zum Einsatz, und das Erste, was sie von ihren Fans zu hören bekommen und auf Transparenten im Stadion in großen Lettern zu lesen, ist, »Kämpfen und Siegen«, und dass sie endlich mal anfangen sollen, Gras zu fressen. Meistens wird es dann auch noch im Trainingsbetrieb ungemütlich und Kampf und Krampf in einer Atmosphäre des kalten Krieges übernehmen das Kommando.

So muss man bei dieser Herangehensweise einfach hoffen, dass kommende Erfolgserlebnisse der Mannschaft wieder dieses Vertrauen in ihre Impulse zurückgeben, spätestens wenn die Spieler an den Punkt kommen, an dem sie sagen, egal, schlimmer kann es eh nicht mehr kommen, ich pfeif auf Fehler und mache einfach mein Bestes: Das ist der turning point, an dem sich plötzlich wie von Geisterhand und magisch alles wieder zum Guten wenden kann.

Es gilt bei der ganzen Hetzerei nach Erfolg, sich bewusst zu sein, dass wir lebende Wesen sind, die vielen Einflüssen,

Zyklen und Rhythmen unterworfen sind, die uns beeinflussen. Manche davon beflügeln uns, andere bremsen uns, die einen sind stark spürbar, andere wiederum nehmen wir gar nicht erst wahr und trotzdem haben sie einen Einfluss auf unser Befinden. Unter diesen Umständen können wir realistischerweise von uns nur eines verlangen, und das ist, dass wir jeden Tag unser Bestes geben, mit dem Wissen, dass unser Bestes jeden Tag etwas anders aussieht.

Kommen wir wieder zurück zum Selbstvertrauen, diesem so feinen und sensiblen Gut, das wie ein Schmetterling in unserer Hand sitzt und sobald wir es festhalten wollen, seine Fähigkeit zu fliegen verliert. In der Zeit, als ich diverse Coaching-Ausbildungen machte, stolperte ich über eine Studie, die mir diese magischen Momente in meinem Leben, die neben oder aber in einer großen Regelmäßigkeit auf dem Fußballplatz vorkamen, die dieses Spiel für mich so einzigartig machten, wenn ich einfach wusste, was kommen würde, erklärten. Die Studie stammte vom HeartMath Institut.

Dort wurde die Reaktion der Probanden auf hoch emotionale Bilder getestet. Sie setzten ihre Probanden vor einen Computerbildschirm auf dem per Zufallsgenerator alle zehn Sekunden für vier Sekunden ein hoch emotionales positives oder negatives Bild erschien. Sie maßen währenddessen bei ihren Testpersonen die Hirnströme mittels EEG, die Herztätigkeit mittels EKG und den Hautwiderstand. Sie wollten herausfinden, wie schnell Hirn, Herz und Körper auf extreme optische Reize reagieren. Als die Probanden ihren Test durchlaufen hatten und die Daten der Untersuchung gesammelt waren, erlebten wohl auch die Forscher und nicht nur die Leser bei der Auswertung zwei Überraschungen. Die erste war die Reihenfolge des Reaktionsmusters, wie die meisten von uns erwarteten wohl auch sie, dass das Hirn als Erstes auf den Reiz reagieren und dann den Impuls weiter an das Herz und den Körper geben würde. Aber die Reihenfolge sah anders aus. Das Herz reagierte als Erstes, gab den Impuls weiter an das Hirn und dieses verbreitete ihn im ganzen Körper. Die zweite Überraschung war dann wohl noch größer, als sie sahen, dass das Herz seinen Impuls, noch bevor das Bild am Bildschirm erschien, dem Hirn mitteilte, ob ein positives oder negatives Bild erscheinen würde.

Alles Humbug, werden die meisten von Ihnen sagen, so etwas geht nicht. Aus Sicht unserer Aufklärung über das Leben und seine Funktionsweise muss man all denen, die diese Studie als Quatsch und absurd abtun, recht geben. Nichts und niemand kann in die Zukunft blicken, und wenn es solche Phänomene geben sollte, dann sind das Anomalien, die nur ganz wenige betreffen, aber das ist sicherlich keine Fähigkeit, die in uns allen schlummert. Aber erinnern Sie sich noch an das Geschriebene über die Auswertungen der Daten von 9/11 im globalen Bewusstseins-Projekt von Dr. Roger Nelson, bei dem schon vier Stunden vor dem Ereignis die Daten anfingen, sich zu verändern, oder die Tiere, die schon Stunden vor dem Tsunami in Thailand die Flucht antraten. Vielleicht ist das eine Fähigkeit, die wir alle haben, aber einfach noch nichts davon wissen, vielleicht aber auch nicht.

Was der Leser dieser Zeilen aus dem von mir wiedergegebenen Inhalt macht, ist nicht meine Sache, dafür ist jeder selbst verantwortlich. Als ich den Inhalt dieser Studie das erste Mal las, ging es mir nicht darum, ob diese Studie nun wahr ist oder wie andere dahingehend moderiert wurde, um eine gewisse Aussage zu untermauern. Das interessierte mich nicht, da ich das eh nie schlüssig herausfinden würde und das für mich auch nicht relevant ist. Sondern ich fand es cool, ein Instrument zu haben, mit dem ich in die Zukunft blicken könnte. Ich reflektierte ein wenig darüber und glich den Inhalt der Studie mit meinen eigenen Erfahrungen ab. Die Aussage der Studie erklärte mir meine Impulse in meinem Leben, die ich immer wieder habe. Daher kam ich zu dem Schluss, dass sie anhand meiner Erfahrungen viel Sinn ergibt. Es erklärt mir, dass es völlig normal und natürlich ist, was ich in meinem Leben und viele Male auf dem Fußballplatz erlebt habe, als ich bereits im vorhinein wusste, was kommen und welches Handeln zum Erfolg führen würde. Leider hörte ich in meinem Leben nicht immer auf meine Impulse, was zumeist im Nachhinein zu Schwierigkeiten und Misserfolgen geführt hat.

Was Selbstvertrauen wirklich ist, wissen viele nicht. Das zeigte sich mir einmal mehr, als eine Zuhörerin einer meiner Vorträge, die selbst auch, aber schon viel länger als ich, als Coach arbeitet und vor mir auf einem Symposium einen Vortrag gehalten hatte, nach meinen Vortrag zu mir kam und sagte, dass meine Sicht über Selbstvertrauen ganz spannend sei, sie hätte dies bisher immer so interpretiert, wie ich es als Vertrauen in die eigenen Fähigkeiten erläuterte. Sie meinte dann aber, ob, so wie ich Selbstvertrauen interpretiere, es nicht viel eher Intuition sei. Ich erklärte ihr, dass der Impuls, den wir haben, die Intuition ist, und Selbstvertrauen sei, diesem Impuls – also unserer Intuition – zu vertrauen und zu folgen.

Selbstvertrauen zeigt das Maß des Vertrauens in mein eigenes inneres Wissen und die eigene innere Weisheit an, die alle in sich tragen, und wenn ich alle sage, dann meine ich alle ohne eine einzige Ausnahme, oder ist ihnen schon jemals jemand ohne Herz auf der Straße begegnet. Das Leben unseres Körpers ist gekoppelt mit unserem Herzen, und solange ein Herz in unserer Brust schlägt, haben wir im Körper einen Zugang zu unserer Intuition, die immer da ist. Was wir aber aus diesem inneren intuitiven Wissen machen, liegt an unserem Selbstvertrauen. Diesem Vertrauen in die eigene Weisheit und das eigene innere Wissen, das einfach für uns da ist, ob wir es nun beachten und nutzen oder auch nicht, das interessiert unsere Intuition nicht, sie macht ihren Job so oder so. Nach dieser Erklärung leuchtete es ein, was mir wiederum die Gewissheit gab, dass ich mir auch etwas überlege bei dem, was ich sage.

Wieder sind wir beim Herzen angelangt, das scheinbar tatsächlich – wie die alten Weisen schon immer sagten – ein ganz spezieller Ort ist, an dem wir Zugang zu Wissen haben, das wir nirgends sonst finden können, und dass dieses Wissen unserem Verstand nicht zugänglich ist.

Wir zapfen dieses innere Wissen viel öfter an, als uns bewusst ist, denn die meisten Entscheidungen fällen wir aus dem Bauch heraus, was aber korrekterweise aus dem

Herz heraus heißen müsste. Denn wenn am Ende eines Tages eine Entscheidung ansteht, und auf Faktenbasis keine 100-prozentige Erfolgsgarantie besteht, dann nutzen viele ihr Bauch-(Herz-)Gefühl.

Ottmar Hitzfeld, einer der erfolgreichsten Trainer unserer Zeit, mit dem ich das Vergnügen hatte, zwei Jahre zusammenzuarbeiten, ist für mich ein Paradebeispiel dieses Mechanismus. Er, der gelernte Mathematiklehrer, der immer viele überlegte Fakten zusammentrug, ließ aber am Ende sein Bauch-(Herz-)Gefühl entscheiden, ein Zeichen für einen Mann mit viel Selbstvertrauen. Wenn auch sicherlich bei ihm wie bei allen Menschen zwischendurch Zweifel aufkamen, aber am Ende des Kampfes mit den eigenen Zweifeln das Vertrauen in sich selbst siegte.

An dieser Stelle möchte ich hinzufügen, um Missverständnisse sofort aus dem Weg zu räumen, dass es nicht immer so ist, dass der Erfolg, zu dem uns unsere Intuition führt, sich sofort zeigt, manchmal sieht es sogar eher so aus, als würden wir völlig auf dem Holzweg sein. Doch bleiben wir beharrlich auf unserem Weg des Herzens, wird am Ende alles gut. Wie in der Geschichte *Ob gut, ob schlecht, wer weiß das schon,* die in meinem ersten Buch steht (Seite 87 f.). Alles im Wissen, dass alles gut wird, und wenn es noch nicht gut ist, ist es noch nicht zu Ende.

Ängstigt euch nicht vor dem Tod,
denn seine Bitterkeit liegt in der Furcht vor ihm.

SOKRATES

Dritte Eigenschaft: Mutig sein

Nur wer Angst verspüren kann,
kann auch Mut beweisen.

DALAI LAMA

Wenn wir uns jetzt Selbstvertrauen aneignen wollen, dann kommen wir nicht darum herum, mutig zu sein. Ohne Mut kein Selbstvertrauen und ohne Selbstvertrauen können wir nicht authentisch sein, was zwangsläufig in einem schlechten Stressmanagement mündet.

Wenn wir uns Selbstvertrauen anhand der Studie des HeartMath Instituts ansehen, wird relativ schnell ersichtlich, dass wir entweder einen an der Klatsche haben oder sehr mutig sein müssen, wenn wir den Impulsen unseres Herzens folgen wollen. Denn wenn wir das tun, müssen wir schon in Aktion treten, bevor das Ereignis sich uns offenbart hat. Wir müssen also bildlich gesprochen jedes Mal einen Schritt in einen Abgrund wagen, bei dem wir nicht wissen, ob und wann unter uns etwas kommt, das uns auffängt und unterstützt, oder ob der Fall ins Bodenlose geht.

Als ich Fußball in einem Stadion spielte mit 40–50 Tausend Leuten und Millionen Zuschauern am Fernsehbildschirm, musste ich teilweise schon meinen ganzen Mut zusammennehmen, um meinen Impulsen zu folgen. Sie können sich sicher vorstellen, wie viel Mut Sie bräuchten, um, wie im Beispiel vorher, einen hohen Ball in der gegnerischen Hälfte, der hoch zu Ihnen gespielt wird und den Sie dann nur anhand eines Impulses (Gefühls), dass ein Mitspieler von Ihnen auf der rechten Seite frei steht, blind also, ohne hinzuschauen, dorthin spielen würden. Sollte in dem Moment keiner Ihrer Mitspieler dort stehen, machen Sie sich vor vielen Menschen zum Affen. Sie können sich vielleicht vorstellen, wie die Reaktion im Stadion und bei den Zuschauern am Bildschirm ausfallen würde oder wie Ihre Mitspieler oder Ihr Trainer reagieren würden. Ich kann es Ihnen sagen, die Fans pfeifen Sie aus, die Mitspieler pfeifen Sie an und der Trainer erhebt sich von der Trainerbank und gibt Ihnen unmissverständlich zu verstehen, dass er das nicht witzig findet.

Sollte Sie Ihre Intuition (Gefühl) noch ein zweites Mal in dieser Halbzeit in die Irre führen, werden die Kommentare von der Tribüne nicht freundlicher werden, der eine oder andere Mitspieler wird Ihnen mit hochrotem Kopf tief in die Augen schauen, und Ihrem Trainer werden an der Seitenlinie die Halsschlagadern langsam, aber sicher ziemlich hervorstehen. Sollten Sie den Mut haben oder so verwegen sein, sich durch all das nicht beeinflussen zu lassen und spielt Ihre Intuition Ihnen noch vor der Pause einen dritten Streich, dann werden Sie die zweite Halbzeit nicht mehr live auf dem Rasen miterleben, sondern frisch geduscht auf der Auswechselbank.

Sollte Ihr Selbstvertrauen und Ihre Stressresistenz sehr groß sein und Sie Ihrer Intuition unbeirrt weiter folgen, ohne Angst vor Konsequenzen, zum Beispiel dem Verlust Ihrer Reputation, die Sie sich über Jahre erarbeitet haben, Verlust des Stammplatzes, keine Einsatz- und Punktprämien mehr, die einen großen Teil Ihres Gehaltes ausmachen, keinen neuen Vertrag bei Ihrem Verein, Arbeitslosigkeit etc., dann wissen Sie genau, dass sich am Ende alles zum Guten wendet und Ihre Intuition Ihnen keine Streiche gespielt, sondern Sie nur zu Ihrem Ziel geführt hat. Dass es auf der Reise dorthin ab und an zur Frage kommt, ist das jetzt gut oder schlecht, nehmen Sie in Kauf, weil Sie wissen, dass Sie sich auf sich selbst verlassen können.

Aber seien wir ehrlich mit uns, dann wissen wir, dass den meisten von uns früher oder später auf dieser Reise der Mut verloren geht und wir anfangen, die Karte Sicherheit zu spielen. Ich spiele also nicht mehr blind den Ball zu meinem Mitspieler, sondern schaue zuerst, bevor ich abspiele. Was im Endeffekt auch zu einem Fehlpass führen wird, aber dieser ist nicht ganz so schlimm, es entsteht quasi ein normaler Fehlpass, der zu diesem Spiel einfach dazugehört und bei dem mir niemand den Kopf abreißt, es steht ja wenigstens ein Mitspieler dort, wohin ich den Ball spiele, er kommt einfach nur nicht beim Adressaten an. Als mutloser Fußballspieler spiele ich früher oder später dann nur noch Sicherheitspässe, bei denen das Risiko eines Fehlers sehr gering ist, Quer-, Rück- und Alibipässe bestimmen dann mein Spiel.

Das ist dann die sogenannte Komfortzone, in der wir uns sicher fühlen und die Bedrohung des Scheiterns sich in Grenzen hält. Das ganze Problem bei der Sache ist, dass ich mich so immer mehr in der Masse des Durchschnitts verliere und mich der Gefahr der Austauschbarkeit aussetze, was mich im Endeffekt vielleicht genau das erfahren lässt, was ich unter allen Umständen verhindern wollte und alles, vor dem ich Angst hatte, sich mir zeigt. Was sagte die weise Schildkröte Ugwei aus dem Film *Kung Fu Panda*: »Meistens treffen wir auf unser Schicksal auf dem Weg, auf dem wir es verhindern wollten.«

Wenn wir nicht den Mut haben, unseren Impulsen zu folgen, landen wir im Durchschnitt und haben keine Chance, etwas Außergewöhnliches zu erreichen. Deshalb sage ich immer: Den Mutigen gehört die Welt, denn Mut erzeugt Außergewöhnliches und Angst erzeugt Durchschnitt. Wir können aber nur mutig sein und unserer Intuition folgen, wenn wir bereit sind, grandios zu scheitern. Wir müssen den Mut haben, mit Pauken und Trompeten und fliegenden Fahnen unterzugehen. Nur wenn wir die Angst vor dem Versagen, uns der Lächerlichkeit preiszugeben, als Versager dazustehen, überwinden können und unser Mut größer ist als unsere Ängste, können wir Außergewöhnliches erreichen und erfahren in unserem Leben. Und ich weiß aus eigener Erfahrung, dass das viel, viel leichter gesagt ist als getan. Weil ich diese inneren Kämpfe kenne und sie immer und immer wieder durchgemacht habe und immer noch durchmache, weiß ich, wie schwierig und herausfordernd das ist. Ich weiß aber auch, wie befreiend und schön die Momente sind, wenn der Mut den Kampf gegen die Angst gewonnen hat, und wie spannend und aufregend das Leben dadurch wird. Mit dem Mut, unseren Impulsen zu folgen, haben wir die Gelegenheit, außergewöhnliche Momente zu erleben, die dem Alltag die nötige Würze geben und unser Leben zu einem Abenteuer macht, das sich lohnt zu leben und zu erleben. Wir haben die Möglichkeit, aus unserem Leben ein Fest zu machen, auf dem wir gern Gast sind. Mut hilft uns, das Risiko des Scheiterns in Kauf zu nehmen, denn wir haben nirgendwo in unserem Leben eine Garantie darauf, dass alles so kommt, wie wir das gerne hätten. Das Leben an sich verhält sich doch zumeist eher so, dass es seinem eigenen Lauf folgt und die eine oder andere Überraschung für uns bereithält, die nicht in unserer Planung stand.

Ich möchte an dieser Stelle noch kurz erläutern, was ich mit Außergewönlichem meine. Das heißt nicht, dass wir Millionen verdienen, reich, berühmt und erfolgreich sein werden und alle Pokale, die es in unserem Leben zu gewinnen gibt, in unserer Trophäensammlung landen. Vielmehr ist gemeint, dass wir Momente erleben, die speziell sind, die aufregend, energetisierend sind, von denen wir nachher noch unser ganzes Leben lang erzählen. Wir wagen uns dann an Projekte, vor denen die meisten anderen zurückschrecken, weil sie das Risiko des Scheiterns in sich bergen. Wir gehen diese mit der Haltung an, dass sie gut ausgehen können oder auch nicht, aber so, dass wir im Laufe des Projektes viel Neues, Aufregendes erfahren, das nicht immer lustig, einfach und leicht sein muss, aber im Endeffekt immer bereichernd für uns sein wird.

Da kommt mir die Geschichte von Christopher Maloney in den Sinn, der sich fünf Jahre lang für eine Castingshow anmelden wollte und in den ersten vier Jahren das Anmeldeformular, bevor er es abschicken konnte, zerriss, aus Angst, er könnte versagen. Auch weil ihm die Leute aus seiner Umgebung sagten, er würde sich zum Affen machen, ganz England würde über ihn lachen, wenn er dort auftreten würde, er würde grandios scheitern, und wenn er so dämlich sein wolle, solle er nur gehen, er werde schon selbst sehen, in welchem Desaster das enden würde. Erst im fünften Jahr nahm er seinen ganzen Mut zusammen und schickte seine Anmeldung ab. Was dann geschah, zeigt, wie viel Mut er brauchte, denn sein ganzer Körper wehrte sich gegen diesen Auftritt, der ihm so sehr am Herzen lag.

Der Mut von Christopher Maloney war größer als seine Angst und so konnte er einen außergewöhnlichen Moment in seinem Leben erleben. Hätte er diesen Mut nicht gehabt, hätte er seinen vielleicht schönsten Tag seines Lebens nicht erlebt, und er hätte auch die Staffel nicht gewonnen, die ihm einen Plattenvertrag und die Möglichkeit bot, sein geliebtes Hobby zum Beruf zu machen.

Schaut man sich die Geschichte einmal näher an, sieht man, dass Christopher Maloney gar nicht verlieren konnte, wenn er zum Vorsingen ging. Denn im besten Fall, der eingetreten ist, konnten viele neue aufregende Situationen in sein Leben treten, die einem Abenteuer gleichkommen. Hätte er aber versagt und wäre nicht gut genug gewesen, wäre er zwar sicherlich am Anfang enttäuscht gewesen, aber er hätte auch gewusst, dass seine gesanglichen Künste nicht für Auftritte auf den ganz großen Bühnen dieser Welt reichten. Dann hätte er sich auf sein weiteres Leben konzentrieren können, in dem die Musik immer noch ihren Teil hätte und er auf Hochzeiten, Geburtstagen und anderen Anlässen Menschen mit seinem Gesang erfreuen könnte.

Die einzige Möglichkeit des Verlierens wäre gewesen, wenn er diesen Mut nicht zusammengenommen hätte. Er hätte nie erfahren, wie gut er wirklich ist. Er hätte so viele außergewöhnliche Momente in seinem Leben verpasst, das Schlimmste aber wäre gewesen, dass er immer im Hinterkopf gehabt hätte, dass er vielleicht doch für die große Showbühne gemacht wäre, und mit diesem Teufelchen auf der Schulter, das ihn immer und immer wieder ins Ohr geflüstert hätte, dass er ein großer Sänger wäre, hätte er nie den Fokus bekommen für alles andere, was er in seinem Leben gemacht hätte. Er wäre nie frei gewesen und hätte sich nie wirklich um sein reales Leben kümmern können. Bei ihm hat sich sein Mut gelohnt. Wir alle stehen immer und immer wieder vor solchen Entscheidungen, die bestimmen, wohin unsere Reise gehen soll.

Ich kenne so viele Menschen, die lieber alle ihre Träume opfern, aus guten Gründen und der Angst des Scheiterns heraus, weil das vernünftiger erscheint, als das Risiko einzugehen, etwas zu erleben, was auch schiefgehen kann. Auch ich gehöre ab und an dazu. In diesen Momenten richten wir uns im Gewöhnlichen ein, in dem eine gewisse Stabilität, Sicherheit und Voraussehbarkeit herrscht, die uns keine Angst einflößt. Es ist angenehm, aber es fehlt auch etwas die Spannung. Abenteuer fehlen genauso wie Herausforderungen. Das ist auch etwas, das ich bei vielen Lebensfeueranalysen sehe, es mangelt den meisten an Begeisterung, Leidenschaft und Freude in ihrem Leben.

Im Lebensfeuer ist so etwas an den Löchern in der Mitte des Feuers erkennbar.

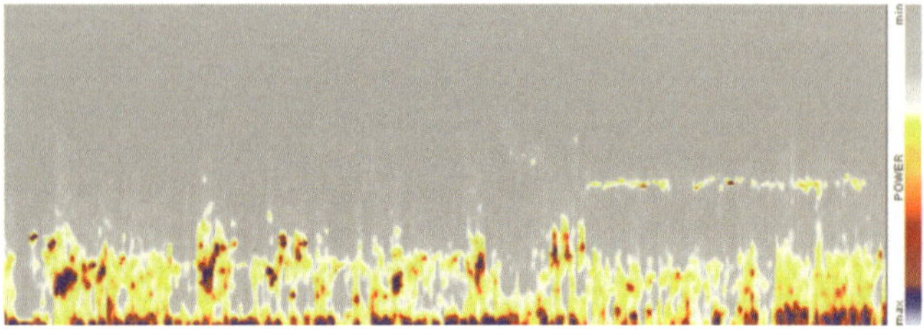

Das heißt nun nicht, dass wir uns alle Hals über Kopf in jedes Abenteuer stürzen und unser ganzes Leben auf den Kopf stellen sollten, ohne sich der Konsequenzen bewusst zu machen. Es geht vielmehr darum, achtsam zu sein und herauszufinden, was unserem Herzen wirklich wichtig ist, wo sind die Chancen im Alltag versteckt, in denen wir es nicht wagen, unser Herz auf der Zunge zu tragen und ein Leben zu leben, das uns etwas bedeutet und uns eine Herzensangelegenheit ist. Wo sind die kleinen Dinge in unserem Leben, vor denen wir aus Angst zurückschrecken und die wir schon lange angehen wollten, aber es nie wagten. Wo verstecken wir unsere Talente, weil wir nicht glauben, gut genug zu sein, und berauben uns so einer Chance, etwas Außergewöhnliches zu erreichen?

In meinem Leben gibt es täglich Situationen, in denen mein Mut gefragt ist, mich so zu zeigen, wie ich bin und meiner Intuition zu vertrauen. Wenn wir anfangen, diese bewusst wahrzunehmen, und achtsam genug sind, diese Momente zu erkennen, werden wir mit der Zeit feststellen, dass unser Leben viel Außergewöhnliches für uns bereithält, uns aus dem gewohnten Mittelmaß des Lauwarmen herausholt und mit einer kalten Dusche die Lebendigkeit in unseren Alltag zurückbringt. Was ist wohl schlimmer, ein ganzes Leben lang nie zu scheitern, keine Fehler zu machen, immer in Sicherheit zu sein, dafür aber immer und immer wieder nur das Gleiche zu erfahren und zu erleben. Oder ab und zu mal einen Fehler zu begehen, auch mal zu scheitern, sich auch mal lächerlich zu machen, ab und an mal einen Traum zu begraben, den ich mir erfüllt habe, und wo mir beim Erleben dieses Traumes bewusst wurde, dass dieser Traum nicht zu mir passt oder der Traum in Realität ganz anders ist, als ich mir das vorgestellt habe, aber bei all dem ganz vieles erleben, erfahren und lernen durfte und er mich weiter inspirierte, sodass neue Türen aufgingen, wenn sich eine schloss. Wenn wir nie den Mut haben, eine verschlossene Tür zu öffnen und zu schauen, was sich dahinter verbirgt, werden wir nie etwas anderes zu Gesicht bekommen als den Gang, der zwar lang, gerade, ohne auf und ab vor uns liegt, aber eben immer gleich ist.

Aus ihrer Angst heraus, ihrer Intuition zu folgen, weil sie zu riskant erscheint und etwas schiefgehen könnte, erleben viele vielleicht die schönsten Momente ihres Lebens nicht.

Hier kommt mir der Song *Bye bye* von Cro in den Sinn mit folgender Textpassage, die schön ausdrückt, was wir im Leben verpassen können, wenn uns der Mut fehlt.

[…]

Und plötzlich stand da diese Frau
Und er dachte sich Wow
Sagte: Klar, der Platz ist frei

sie lachte und er dachte sich nur
bitte komm
sprich sie an
das ist das Schönste, was du je gesehen hast
Und sie hat sicherlich keinen Mann
stell dich nicht so an, wenn nicht jetzt, wann dann?
doch alles, was man hört ist mein Herzschlag Bamm!

[…]

Was soll ich nur sagen, irgendwas knockt mich aus,
ich bin ein Versager, weil ich mich doch nicht trau,
mein Kopf ist voller Wörter, doch es kommt nichts raus,
und sie steht auf und steigt aus und sagt:
Bye, bye, bye, bye, meine Liebe des Lebens,
und ja, wir beide werden uns nie wieder sehen,
kann schon sein, dass man sich im Leben zweimal
begegnet,
doch es beim zweiten Mal dann einfach zu spät ist.

Es sind die kleinen Dinge des Lebens, in denen uns meistens der Mut verlässt, weil wir zu viel denken: Darf ich das, sollte man das, was meinen wohl die anderen, ist es richtig oder gar falsch, aber ich würde doch so gern, aber trau mich doch nicht. Wir folgen zu wenig unserem Herzen, aus Angst zurückgewiesen, abgelehnt, ausgelacht, kritisiert oder verletzt zu werden. Wir müssen nicht unser ganzes Leben auf den Kopf stellen, um unseren Mut zu beweisen, es reicht, wenn wir im Kleinen anfangen, dort unsere Meinung zu sagen, hier unser Herz auf der Zunge zu tragen und generell anfangen, uns so zu zeigen, wie wir sind, anstelle uns anzupassen, zu verstecken und uns zu sorgen. Sonst gehen so viele glückliche Augenblicke an uns vorbei und kommen nie wieder. Und Jorge L. Borges hat uns ja gesagt, dass wir nie vergessen sollten, dass das Leben aus lauter Augenblicken besteht. Unsere größte Herausforderung, um Mut zu zeigen, ist nicht, unseren Job zu künden, in ein fernes Land auszuwandern oder mit einem Fallschirm aus einem Flugzeug zu springen, sondern es ist, uns in jedem Augenblick unseres Lebens so zu zeigen, wie wir sind und wie wir uns gerade fühlen.

Wenn uns der Mut fehlt, können wir unserer Intuition nicht folgen, und dann leben wir ohne Vertrauen in uns selbst, was es sehr schwer macht, sich so zu zeigen, wie man ist und authentisch durchs Leben zu gehen, ohne ein Schauspiel zu vollführen, das zwangsläufig zu viel Stress führt.

Deshalb noch einmal mit etwas mehr Nachdruck zum Schluss nach all dem Geschriebenen:

Den Mutigen gehört die Welt.
Aus Mut entsteht Außergewöhnliches
und aus Angst Gewöhnliches!

Vierte Eigenschaft: Innere Stärke und Stabilität

Wir haben Angst vor dem Tod,
wir haben Angst vor der Trennung,
wir haben Angst vor dem Nichts.
Wenn wir aber tief schauen, erkennen wir
den unaufhörlichen Wandel der Dinge
und verlieren allmählich unsere Angst.

THICH NHAT HANH

Für diesen Mut, den wir brauchen, um unserem Herzen zu folgen, damit wir so sein können, wie wir sind, benötigen wir eine gehörige Portion innerer Stärke. Das heißt, wir müssen in uns eine gewisse Stabilität haben, auch in turbulenten Zeiten, in denen nicht alles nach unserem Plan läuft und uns das Leben vor Herausforderungen stellt, die wir so nicht wollten, damit diese uns nicht umhauen und wir nicht bei jedem Windstoß umfallen. Sondern dass wir genau in diesen so herausfordernden Zeiten und Situationen bei uns bleiben können und weiterhin positiv und konstruktiv mit den Gegebenheiten, die herrschen, umgehen können und versuchen, das Beste daraus zu machen, oder noch besser, darin eine Chance sehen, etwas Außergewöhnliches daraus zu machen.

Wie Nick Vujicic, der ohne Beine und ohne Arme geboren wurde und der allen Grund gehabt hätte, wie er sagt, mit acht Jahren seinem Leben ein Ende zu setzen, so wie er das vorhatte. Denn er sah keinen Sinn und Zweck in seinem Dasein, das geprägt war von Hilflosigkeit und der Angewiesenheit auf Hilfe anderer, aber auch von Mobbing und Einsamkeit außerhalb seiner Familie. Er glaubte zu diesem Zeitpunkt, dass er in seinem Leben niemals etwas erreichen könnte, nie einen Job haben würde, der etwas bedeutete, dass er nie eine Beziehung haben und heiraten würde, denn was für ein Mann würde er schon sein, der nicht einmal die Hand seiner Frau halten konnte. Also entschied er sich mit acht Jahren, seinem Leben ein Ende zu setzen und bat seine Eltern, ihm das Badewasser einzulassen, da er sich in der Wanne etwas entspannen wolle. Als er allein im Bad war, drehte er sich zum Test ein paar Mal, um zu sehen, wie er das Ertrinken am besten anstellen könnte. Als er es herausgefunden hatte und vor der letzten und finalen Drehung stand, kam ihm der Gedanke, wie sich wohl seine Eltern fühlen würden, wenn er sich das Leben nehmen würde. Welche Vorwürfe würden sich seine Eltern machen, die ihn so sehr geliebt und so wunderbar für ihn gesorgt hatten und alles taten, damit sein schweres Leben für ihn etwas leichter werde. Er konnte den Gedanken nicht ertragen, dass sich seine Eltern denken könnten, dass sie versagt und ihm nicht die nötige Liebe entgegengebracht hätten, die er benötigte, um sein Leben zu meistern. Dieses Mitgefühl, diese Empathie, die tief aus seinem Herzen kam und die er seinen Eltern gegenüber empfand, veranlassten ihn, diesen letzten Schritt nicht zu machen.

Genau in diesen schwierigen Momenten des Lebens ist es so wichtig, mit seinem Herzen verbunden zu bleiben und sich nicht von seinen Gedanken und Emotionen wegspülen zu lassen, sondern die Ruhe zu bewahren und Vertrauen in sich und das Leben zu haben, zu wissen, dass alles einen Sinn und Zweck hat, auch wenn dieser im ersten Moment nirgends sicht- oder erkennbar ist.

Heute ist Nick Vujicic 34, verheiratet, hat zwei Kinder, arbeitet als Coach, hat Bücher geschrieben und ist internationaler Keynote Speaker, der schon vor Millionen Menschen in ganz unterschiedlichen Settings – zum Beispiel in Gefängnissen, am World Economic Forum, bei Großkonzernen, in Kinder- und Jugendeinrichtungen, vor Kindern mit Missbrauchserfahrungen und in vielen anderen Orten rund um die Welt – aufgetreten ist. Er hat heute alles, was er sich als Achtjähriger nicht hat vorstellen können und ist ein lebendiges Beispiel für innere Stabilität und Stärke. Einer dieser Helden unserer Gesellschaft, die aus ihrem Leben versuchen, das Beste zu machen, und darauf vertrauten, das am Ende alles gut wird und wusste, dass, wenn es noch nicht gut ist, es noch nicht zu Ende ist.

Unsere Sicht vom Leben kann uns helfen, diese innere Stabilität zu entwickeln und viele Dinge in einen größeren Zusammenhang setzen, der uns erlaubt, aus unserem Schicksal das Beste zu machen.

Unsere Einstellungen haben ganz viel mit unserer Weltsicht zu tun, die sich aus den Prägungen und den Informationen, die wir in unserem Leben erhalten haben, entwickelt. Es gibt für mich nichts, das mehr Einfluss auf unser ganzes Leben, unsere Gesundheit und unser Wohlbefinden hat, als unsere Sicht, die wir auf die Welt und ihre Ereignisse haben. Stress oder Gelassenheit entstehen daraus, denn unsere Weltsicht lässt uns auf bestimmte Situationen so oder so reagieren.

Zum Beispiel wird in unserer Kultur der Tod betrauert und als Ende angesehen, aus dem nicht selten ein Drama gemacht wird, während andere Kulturen den Tag des Todes feiern und darin einen Übergang in eine andere Realität sehen, die wie eine Geburt ein Fest verdient hat.

Aus unserer Sicht auf die Dinge entstehen unsere Reaktionen darauf. Nicht die Situation entscheidet darüber, sondern unsere Interpretation davon ist entscheidend. Sehen wir das Leben als Abfolge irgendwelcher Zufälle und als reines Glücksspiel an, auf das wir nur einen sehr geringen Einfluss haben, bei dem nichts wirklich miteinander verbunden ist, sondern bei dem alles voneinander getrennte Einzelteile sind, die manchmal gegeneinanderprallen oder parallel zueinander dahintreiben, aber schlicht und einfach alles und nichts passieren kann und der Zufall über allem steht? Oder steht hinter allem, was geschieht, ein Plan, der Sinn und Zweck verfolgt und allem eine gewisse Ordnung gibt, die manchmal aus einem scheinbaren Chaos entsteht und nicht zufällig geschieht? Ist es Evolution oder Schöpfung?

In Pajaro Dunes, Kalifornien, trafen sich Wissenschaftler, um die Entstehung des Lebens zu erforschen und herauszufinden, ob das Leben zufällig entstand oder eine Intelligenz dahintersteckt, die das Ganze designt. Sie alle hatten Zweifel an der Richtigkeit der Evolutionstheorie von Charles Darwin, auf der ein großer Teil unseres Weltbildes gründet.

Sie kamen zu dem Schluss, dass es zu viele Hinweise in der Natur gibt, die auf ein intelligentes Design hinweisen, als dass das ganze Universum aus einem reinen Zufall hätte entstehen können.

Auch interessant in diesem Zusammenhang ist die Arbeit von Bruce Lipton, einem Zellbiologen aus den USA, der mehrere Bücher geschrieben hat und weltweit Vorträge hält zum Thema: »Wie unsere Erfahrungen unsere Gene steuern«. Seiner These zufolge sind nicht unsere Gene verantwortlich für unsere Entwicklung, sondern wie unser Umfeld ist und wie wir auf die Umstände reagieren. Auf der Rückseite seines Buches mit dem Titel *Intelligente Zellen* steht Folgendes: »Warnung! Dieses Buch wird Ihre Vorstellung von den Auswirkungen Ihres Denken und Fühlens für immer verändern. Vielleicht haben Sie es schon geahnt, dass das Denken und Fühlen unser physisches Leben bestimmt. Jetzt können Sie sicher sein. Erstaunliche wissenschaftliche Erkenntnisse über die biochemischen Funktionen unseres Körpers zeigen, dass unser Denken und Fühlen bis in jede einzelne unserer Zellen hineinwirkt. Der Zellbiologe Bruce Lipton beschreibt genau, wie dies auf molekularer Ebene vor sich geht. In leicht verständlicher Sprache und anhand eingängiger Beispiele führt er vor, wie die neue Wissenschaft der Epigenetik die Idee auf den Kopf stellt, dass unser physisches Dasein durch unsere DNS bestimmt würde. Vielmehr wird sowohl unser persönliches Leben als auch unser kollektives Dasein durch die Verbindung zwischen innen und außen zwischen Geist und

Materie gesteuert. Eine Erkenntnis, die logisch weitergedacht auch weitreichende spirituelle Konsequenzen hat.«

Die Wahrheit, die aus der Sicht, die wir einnehmen, Erfolg hat, hat, um es etwas überspitzt zu formulieren, einen dramatischen Einfluss auf unser Leben. Das ist vollkommen unabhängig davon, ob in der letzten Instanz unsere Wahrheit auch wirklich wahr ist. Unser Nervensystem und die damit verbundene Körperchemie regieren unsere Reaktion auf eine Situation. Ob diese Reaktion nun gerechtfertigt ist oder nicht, ob das, was wir in dieser Situation für wahr halten, nun wahr ist oder nicht, ist unserem Organismus völlig egal. Ihm ist sogar egal, ob das Ganze auch real ist oder ob wir uns das nur vorstellen, die positiven oder negativen Folgen für uns sind in allen Fällen immer die Gleichen.

Doc Childre und Howard Martin von HeartMath Institut schreiben in ihrem Buch *Die HerzIntelligenz-Methode* ab Seite 198 unter anderem Folgendes dazu: »Wenn Sie etwas aus der Bahn wirft, können Sie vom Kopf her reagieren oder vom Herzen her agieren. Jemand tut uns unrecht und wir fallen vorhersehbar in gewohnte Muster, die in unserer Gefühlswelt ihren Stammplatz haben und durch die gesellschaftliche Prägung gestärkt wurden. Jemand drückt unsere Knöpfe und all die eingefahrenen neuronalen Schaltkreise lösen eine vorgefertigte Reaktion aus, bevor wir überhaupt wissen, was uns dazu getrieben hat.

Wenn uns aber diese Emotionen Energie entzogen haben, machen wir die Personen oder Situationen, über die wir uns aus unserer Sicht zu Recht ärgerten, für unseren schlechten Zustand verantwortlich. Unser Körper aber unterscheidet nicht zwischen Situationen, in denen wir Recht haben, und solchen in denen wir Unrecht haben. Selbst wenn wir der ganzen Welt beweisen könnten, wie Recht wir doch haben, wäre das unserem Körper völlig egal. Unser Herzrhythmus sowie Nerven-, Hormon- und Immunsystem würden dennoch so reagieren, als ob wir im Unrecht wären. Emotionen, die Stress auslösen, diejenigen, die manchmal auch als negativ bezeichnet werden, sind einfach ungesund, seien sie nun gerechtfertigt oder nicht. Sie zehren an unserem Energievorrat, beschweren es uns, wieder in Balance zu kommen und beeinträchtigen unsere Fähigkeit, vernünftig zu denken. Sich vehement zu rechtfertigen ist ein häufiger und natürlicher Fehler.

Rechtfertigungen sind der Hauptgrund für emotionales Missmanagement. Wie das Schön-Wetter-Gefühlsmanagement implizieren Rechtfertigungen, dass wir unsere Emotionen nur unter bestimmten Umständen kontrollieren sollten, nicht jedoch, wenn wir verständlicherweise ausgerastet sind oder frustriert waren. Aber Rechtfertigungen kommen uns teuer zu stehen, unabhängig davon, ob sie nachvollziehbar sind oder nicht. Sehr oft reagieren wir mit Rechtfertigung, weil unser Verstand an Prinzipien festhält. Wir entschuldigen unsere unhöfliche Antwort damit, dass jemand nicht so mit uns hätte reden sollen. Verstecken wir uns hinter unserer Selbstgerechtigkeit, dann schneiden wir uns von unserem Herzen und der Verbindung mit anderen ab. Falls wir mit unseren Prinzipien unser Bewerten, unseren Groll oder unsere Empörung absegnen, weil etwas in unseren Augen nicht richtiger oder fair ist, dann nützen sie uns nicht. Sie erschöpfen uns recht schnell.

Manchmal halten wir Ärger, mit dem wir unsere Prinzipien verteidigen, für guten Ärger – wir nennen das dann gerechten Ärger. Doch wie jeder andere Ärger erhöht auch dieser nur unsere Inkohärenz. Wir alle kennen Menschen, denen es ums Prinzip geht und die damit schädliche, jahrelang aufgestaute Emotionen rechtfertigen. Während sie an ihrem Ärger oder ihrer Verletzung festhalten, bluten sie energetisch aus und werden schließlich häufig verbittert und depressiv. Jegliche Rationalisierung von minus Emotionen, sei es durch Rechtfertigung oder durch das Festhalten an Prinzipien, lockt unsere emotionale Energie in die Falle von verletzt sein, Vorwürfen, Furcht, Enttäuschung, Treuebruch, Kummer, Gewissensbissen oder Schuldgefühlen. Diese Einstellungen sind meist recht langlebig, weil wir sie ständig aufs Neue rechtfertigen. Deshalb potenziert sich ihre zerstörerische Wirkung. Wir ahnen vielleicht nicht, dass sie uns neuen Energieverlusten gegenüber anfälliger machen, weil sie uns langsam unsere Energiereserven rauben. Unsere Emotionen mit Rechtfertigungen oder Prinzipien zu rationalisieren, ist ein Teufelskreis.«

In einer Zeit, in der viele Theorien als Wahrheit dargestellt werden, die einen unglaublichen Einfluss auf unser Befinden haben, sollten wir immer auf der Hut sein davor, was und wem wir Glauben schenken wollen, denn das meiste, was wir zu glauben wissen, haben wir durchs Hörensagen gelernt, was die Gefahr in sich birgt, dass wir so auch gelernt haben zu lügen. Schon Mark Twain, der berühmte Schriftsteller sagte: »Nicht das, was du nicht weißt, bringt dich in Schwierigkeiten, sondern das, was du mit Sicherheit zu wissen glaubst, obwohl es nicht wahr ist.« Deshalb bin ich so vorsichtig und glaube nicht alles, auch wenn es von offizieller Seite kommt. Denn man weiß und gibt das auch unumwunden zu, dass zum Beispiel im Krieg das Erste, was stirbt, die Wahrheit ist.

Wenn man sich in unserer Welt so umschaut und sich differenziert informiert, sieht man schnell, dass wir in einer Zeit des Lügens und Betrügens auf höchster Ebene leben, in der manipuliert wird und für Macht und Profit alles erlaubt zu sein scheint, egal wie schwerwiegend die Folgen für andere Menschen auch sind. Hierzu hält Daniele Ganser, ein Schweizer ETH-Professor, Historiker und Friedensforscher, sehr interessante Vorträge, unter anderem über verdeckte Kriegsführung und Geheimarmeen. Wenn ich mir diese anschaue und in Erwägung ziehe, dass die großen Dinge auf unserer Welt so laufen könnten, bin ich doch sehr froh, dass ich für mein eigenes Weltbild, das einen enormen Einfluss auf mein Befinden hat, ob es nun richtig ist oder nicht, mich darum bemühe, so viele unterschiedliche Informationen zu einem Thema zu erhalten wie möglich, ohne mich generell einer zu verschließen, und mir dann daraus meine eigene Meinung und Wahrheit bilde, aber immer noch mit dem Vorbehalt, dass auch alles ganz anders sein kann.

Aus diesen Gründen bin ich vorsichtig geworden mit meiner Wahrheit und habe mich entschieden, die Dinge als wahr anzusehen, die mir guttun, und nicht, ob sie in letzter

Instanz wahr sind oder nicht. Ich sage eh immer, dass wir uns unsere Wahrheit schönsaufen, damit wir eine gewisse Stabilität in uns verspüren, auf die wir uns verlassen und stützen können. Sobald uns das bewusst ist, nehmen wir unsere Wahrheit nicht mehr ganz so ernst, müssen nicht mehr um diese kämpfen und können entspannt durchs Leben gehen. Im Wissen, dass auch andere – wie vehement sie ihre Wahrheit auch vertreten und beweisen – nicht mehr über die großen Zusammenhänge des Lebens wissen als ich. Sie tappen auch im Dunkeln, und ihre Wahrheit entspringt ihrer Meinung über Theorien, die sie sich auch schönsaufen, damit sie ebenfalls ein Stück Sicherheit, Stärke und Stabilität spüren.

Stark und stabil sind wir so lange, wie wir selbst entscheiden, wie wir uns fühlen und wie wir auf etwas reagieren wollen. Sobald äußere Umstände und andere Menschen es schaffen zu bestimmen, wie wir uns fühlen oder wie wir reagieren, sind wir schwach und im Autopilotmodus, auf den wir keinen Einfluss haben.

Ein kleiner, treffender Spruch zum Abschluss von Stärke und Stabilität:

Ich wünsche mir die Stärke,
Dinge zu akzeptieren, die ich nicht ändern kann,
den Mut, Dinge zu ändern, die ich ändern kann
und die Weisheit, dass eine vom anderen
zu unterscheiden.

Fünfte und letzte Eigenschaft: Zufriedenheit

Der Schlüssel dazu, sich eines glücklichen
und erfüllten Lebens erfreuen zu können,
ist der Bewusstseinszustand.
Das ist das Wesentliche.

DALAI LAMA

Um die innere Stärke und Stabilität zu entwickeln, die wir brauchen, um den Mut aufzubringen, unserer Intuition zu folgen und uns selber zu vertrauen, damit wir authentisch so sein können, wie wir sind, ohne uns zu verstellen und uns etwas vorzuspielen, was uns nicht entspricht, müssen wir Frieden mit uns und unserem Leben schließen. Es gilt, sich also so zu akzeptieren, wie man ist, mit all seinen Stärken und Schwächen, mit all seinen sogenannten positiven und negativen Eigenschaften und Emotionen. Und Frieden zu schließen mit dem Leben, wie es ist. Erst wenn wir das geschafft haben, hört der Kampf, den wir gegen uns und das Leben führen, auf, und erst dann können wir endlich anfangen zu sein, wer wir sind. Dann realisieren wir, dass es nicht mehr darum geht, glücklich zu sein, sondern einfach nur noch darum, zu sein und zu erleben, was gerade ist. Diesen Augenblick zu erleben, den Jorge L. Borges in seinem Gedicht am Anfang dieses Buches beschrieben hat, um den es im Leben geht.

Erst dann können wir in jedem Moment so sein, wie wir uns gerade fühlen, mal sind wir glücklich, mal traurig, mal wütend, mal fröhlich, mal ängstlich, mal mutig, mal schüchtern, mal selbstbewusst, mal nervös, mal sicher, mal fühlen wir uns groß und dann wieder klein. Wenn uns bewusst geworden ist, dass alle diese Facetten zum Lebendigsein gehören und weder gut noch schlecht sind, hört der Stress, nach Perfektion zu streben und alles immer im Griff haben zu wollen, auf. Weil uns dann bewusst wird, dass alles, was ist, perfekt für den jetzigen Augenblick ist, und so können wir dann mit all unseren Facetten konstruktiv umgehen und diese auch ausleben. Sobald wir das schaffen, geschieht etwas Erstaunliches, es verschwinden nämlich alle Facetten von uns, die wir immer schon gerne losgeworden wären. Ganz nach dem paradoxen Wirkungsprinzip des Lebens, dass alles, was wir loshaben wollen, uns erhalten bleibt und alles, was wir festhalten wollen, verschwindet.

Um das zu schaffen, müssen wir erkennen, wer oder was wir sind. Sind wir ein menschliches Wesen, das eine bewusste Erfahrung macht oder sind wir Bewusstsein, das eine menschliche Erfahrung macht? Sind wir das Fahrzeug oder sind wir der Fahrer, diese große Frage stellt sich. Je nachdem, wie unsere Antwort ausfällt, was wir zu diesem Thema glauben, was aus unserer Überzeugung erwächst, wird darüber entscheiden, wie wir unser Leben und die Welt, in der wir leben, sehen, und das wiederum wird einen großen Einfluss auf unser Verhalten uns und anderen gegenüber haben.

Auch hier sind wir wieder bei unserem Weltbild angelangt, das darüber entscheidet, wie wir mit uns, mit anderen und mit dem Leben umgehen. Wer also glauben Sie zu sein, der Fahrer Ihres Autos, der bestimmt, wohin die Fahrt geht, oder das Auto, das von irgendwelchen äußeren Kräften zufällig irgendwohin gesteuert wird? Sind wir der Programmierer unseres Bio-Körpercomputers, der dem Umfeld zwar ausgesetzt, aber nicht ausgeliefert ist, oder sind wir ein Bio-Körpercomputer, der ausschließlich vom Umfeld programmiert und diesem wahllos ausgeliefert ist? Ich benutze hier ganz bewusst das Wort Bio-Körpercomputer, denn wenn man sich unseren Körper genau anschaut, stößt man auf Indizien, die auf so einen Rückschluss hindeuten.

Als Beispiel können wir die Eigenschaften von Wasser einmal genauer unter die Lupe nehmen, und hier werden wir vielleicht überrascht sein, dass es über 40 Anomalien des Wassers gibt, die bis zum heutigen Tag noch nicht geklärt sind. Auch hier sieht man einmal mehr, dass wir in einer Zeit leben, in der wir vieles noch nicht wissen oder, wie Isak Newton sagte: »Was wir wissen ist ein Tropfen, was wir nicht wissen ein Ozean.« Es gibt Indizien dafür, dass Wasser tatsächlich ein Gedächtnis hat, Informationen aufnehmen und diese speichern kann.

Im Institut für Statik und Dynamik der Luft- und Raumfahrtkonstruktionen an der Universität Stuttgart geht Professor Ingenieur Bernd Kröplin der Frage nach, ob Wasser Informationen aufnehmen und speichern kann. Ein Vorhaben, das kräftig an den Säulen der Physik rütteln könnte. Kröpelin sagt, dass die Aussage, dass Wasser ein Gedächtnis hat, fast unser ganzes Weltbild verändert. Kröplin hat einen einfachen Weg gefunden, um die Struktur von Wasser sichtbar zu machen. Die Tropfen werden auf ein Glas aufgebracht und getrocknet, danach sieht man unter dem Mikroskop faszinierende Bilder. Jeder Tropfen hat ein anderes Gesicht, unverwechselbar und einzigartig. Kröplin machte Experimente mit Studenten der Universität Stuttgart, in dem jeder Student mit einer Spritze Wasser aus dem gleichen Behälter zog, auf einer Glasplatte tröpfchenweise abgab und diese trocknen ließ, bevor sie unter dem Mikroskop angeschaut wurden. Dabei kam heraus, dass die Tropfen von den einzelnen Studenten sich deutlich in der Struktur und vom Aussehen unterschieden. Aber die einzelnen Tropfen des gleichen Studenten immer identisch waren. Die Studenten gaben dem Tropfen eine spezifische einzigartige Signatur. Kröplin folgerte, dass der Experimentator eine Information auf das Wasser übertragen hat, ohne dass dieser in Berührung mit dem Wasser gekommen ist und diese manuell auf das Wasser übertragen hat.

Was ist, wenn dem so ist und sich unserem Weltbild dadurch eine weitere Möglichkeit der Erweiterung bietet, wenn plötzlich Dinge, die wir nicht für möglich hielten, in den Bereich des Möglichen rutschen und andere erklärbar werden, die vorher unerklärlich und vielleicht deshalb nicht möglich waren?

Wenn Wasser wirklich Informationen aufnehmen und diese speichern kann, dann würde das heißen, dass wir nicht nur den physikalischen Reinheitsgehalt, sondern auch den Informationsgehalt des Wassers im Auge behalten sollten. Dann würden plötzlich Systeme, die via Informationen auf das Wasser wirken, nicht mehr als Scharlatanerie dastehen, sondern würden diese plötzlich in ihrer Wirksamkeit erklärbar machen. Das wiederum würde bedeuten, dass physikalisch sauberes Wasser je nach Informationsgehalt förderlich für unser Wohlbefinden sein kann oder aber auch nicht. Unser Körper besteht zu 80 bis 85 Prozent aus Wasser. Unser größtes Organ, die Haut, bildet gleichzeitig auch die Schnittstelle zur Außenwelt, wenn sie den Informationsgehalt des Wassers, mit dem sie in Berührung kommt, aufnimmt, kann das je nachdem positive oder negative Auswirkungen auf uns haben.

Doktor Emoto hat die Wirkung, die unsere Gedanken und Worte auf uns haben, anhand von Wasserkristallen untersucht. Dabei fand er heraus, dass unsere Gedanken und Gefühle einen großen Einfluss auf uns haben. Er machte auch ein Experiment, bei dem er Reis in drei Behältern in Wasser einlegte. Täglich über einen Monat lang dankte er dem Reis im ersten Behälter, den zweiten Behälter beschimpfte er mit den Worten »du bist ein Idiot« und den dritten ignorierte er komplett. Nach einem Monat begann der Reis im ersten Behälter zu fermentieren, der Reis im zweiten Behälter wurde schwarz und der Reis im dritten Behälter verfaulte. Für Doktor Emoto zeigte dieses Experiment, wie wichtig es ist, übertragen auf unsere Kinder, dass wir gut mit ihnen umgehen, uns um sie kümmern, denn Gleichgültigkeit richtet den größten Schaden an.

Dieses Experiment wird aber sehr infrage gestellt, denn es gibt viele, die es wiederholten und zu anderen Ergebnissen kamen als Dr. Emoto. Ist das nun der Beweis, dass Dr. Emoto unrecht hat mit seiner These und er sogar die Ergebnisse manipuliert hat, oder zeigt es etwas ganz anderes, was fundamental wichtig ist für unser Verständnis der

Welt, nämlich dass wir viel mehr Einfluss auf uns und unser Leben haben, als wir glauben?

Für mich zeigt es, wenn verschiedene Personen zu verschiedenen Ergebnissen kommen, die wichtige Tatsache, dass wir, wie schon früher im Buch erwähnt, nicht in einer Entweder-oder-Welt leben, sondern in einer Sowohl-als-auch-Welt, und jeder in dieser das Resultat bekommt, das er erwartet. Wenn wir uns darüber klar sind, dass jeder von uns die Ergebnisse dessen, was wir tun, mit unseren Erwartungen, unseren Überzeugungen und unseren Gefühlen, die wir in Bezug auf das Ergebnis haben, beeinflussen, scheint es verständlich, dass am Ende verschiedene Ergebnisse entstehen.

Auch die Sterbebettvisionen werden sehr kontrovers oder besser gesagt, gar nicht diskutiert. Es passt überhaupt nicht in das Weltbild unserer Zeit, und es finden sich viele Menschen, die zeigen, dass dieses Phänomen nur eine Halluzination ist und ein normaler Teil des Sterbeprozesses vor unserem endgültigen ENDE, nach dem nichts mehr kommt. Und selbstverständlich ist noch nie jemand zurückgekommen, also von den Toten auferstanden.

Menschen, die sich mit solchen Themen beschäftigen, werden belächelt, als naiv, gutgläubig und schwach abgetan, weil sie mit der Tatsache, dass ihre Existenz einmal zu Ende ist, nicht zurechtkommen und sie so in Berichten mit keinerlei wissenschaftlichen Hintergrund und Beweisen Trost suchen, um mit dem Leben zurechtzukommen. Ich bin auch einer jener Menschen, die sich mit diesen Themen auseinandersetzten, weil sie Angst vor dem Sterben hatten.

Ich lag schon als Siebenjähriger im Bett und habe mir überlegt, dass es einmal bei mir schwarz werden und ich nicht mehr sein würde, was in mir Panik auslöste und vielleicht der Startschuss war für meine Suche nach Indizien für ein Weiterleben nach dem Tod. Das mag vielleicht aus einer Schwäche heraus entstanden sein, aber diese Angst vor dem Sterben, die sehr unangenehm ist, für die ich aber heute dankbar bin, hat mich dazu gebracht, mich in Themenbereiche zu begeben, in die ich sonst vielleicht nie gegangen wäre.

Das aber ist ein Teil meines eigenen Weges, eine Eigenheit von mir, die zu mir gehört. Manchmal hätte ich mir auch gewünscht, ich wäre anders und hätte mich mehr um die äußere als um die innere Welt gekümmert, dass ich mehr gefeiert, getanzt, getrunken und mich mit Autos, Geld und schönen Frauen beschäftigt hätte, anstelle mich mit dem Leben und seinen Mechanismen auseinanderzusetzen. Doch irgendwann einmal schloss ich Frieden mit meinen Eigenheiten und akzeptierte, dass diese Seite einfach zu mir gehört und mich halt Themen interessieren, über die andere nur lachen können. Es ist mein Leben, und mich interessieren nun mal diese Hintergründe, und viele Informationen, die nicht anerkannt und zum Teil für viele schräg sind, fühlen sich für mich einfach gut an. Je mehr sich mein Weltbild erweiterte, desto mehr fingen die Puzzleteile langsam, aber sicher an, zusammenzukommen und für mich Sinn zu ergeben. Meine Angst vor dem Tod wurde mit dem bewussten Umgang meiner Vergänglichkeit immer weniger. Ob mein Weltbild nun in letzter Instanz richtig oder falsch ist, spielt für mich keine Rolle mehr und ist auch überhaupt nicht relevant. Wichtig ist nur, dass, so wie ich die Welt und das Leben sehe, es für mich Sinn ergibt und mir ein gutes Gefühl gibt. Wenn mein Weltbild mich zu einem Verhalten veranlasst, das förderlich für mich, meine Mitmenschen und für die Natur ist, dann kann nichts Falsches daran sein, auch wenn es in letzter Instanz vielleicht nicht wahr ist.

Nehmen wir zum Beispiel das Thema Reinkarnation, auch das ein Thema, das sehr kontrovers diskutiert wird, bei dem unterschiedliche Meinungen herrschen und verschiedene Theorien verbreitet werden. Als gelernter Hypnosetherapeut kommt man mit diesem Thema zwangsläufig in Kontakt und man kann sich dem – wenn man Lösungsansätze sucht – nicht komplett verschließen, auch wenn es kontrovers und unwissenschaftlich, esoterisch oder was der Geier auch ist. Wäre Reinkarnation nicht nur eine Möglichkeit in unserem Weltbild, sondern eine Tatsache, so würde das vielleicht zu einem anderen Verhalten von uns führen. Im Sinne von: Die Suppe, die ich mir einbrocke, muss ich dann auch selber auslöffeln.

Eine kleine Geschichte zur Erläuterung, was ich damit meine. Als wir ein EM-Qualifikationsspiel in Schweden hatten, machten die Franzosen am Abend vor dem Spiel im Mururoa Atoll Atomtests. Das war das Frühstücksgespräch, jedenfalls an meinem Tisch. Bei der Diskussion, ob man sich dazu äußern und ein Zeichen setzen sollte, argumentierte ein Mitspieler von mir folgendermaßen: Das interessiere ihn alles nicht, denn wenn überhaupt irgendwelche Auswirkungen dieser Tests sich bis nach Europa ausbreiten würden, seien er und seine Kinder schon lange tot. Deshalb interessiere er sich für das Ganze nicht und es gebe für ihn auch keinen Grund, sich dazu in irgendeiner Form zu äußern. Würden wir allerdings davon ausgehen, dass wir wieder zurückkommen und die Ereignisse von heute uns morgen eben auch noch etwas angehen, wäre unser Verhalten heute vielleicht ein anderes. Oder dann, wenn wir wüssten, wie die Menschen, die eine Nahtoderfahrung gemacht haben, dass wir nach unserem Tod weiterexistieren und eine Lebensrückschau halten, in der wir unser ganzes Leben noch einmal erleben, aber nicht nur aus unserer Sicht, sondern aus der Sicht aller Beteiligter. In der wir alle Freude und alles Leid, das wir bei uns und anderen verursacht haben, fühlen und erleben. Nicht als Strafe oder dass über uns gerichtet wird, sondern als Bewusstwerdung unserer Taten und deren Wirkung. Sodass wir erfahren, was unser Handeln in der Welt bewirkt hat. Wäre diese Sicht des Lebens in unserem Weltbild fest verankert und nicht nur als Möglichkeit, sondern als Tatsache gespeichert, würden wir uns dann vielleicht anders in unserem Leben verhalten?

Wir alle durchlaufen einen Brainwash (Programmierungsprozess), das habe ich bereits in meinem ersten Buch *Stressfrei glücklich sein* in dem Teil, in dem es um Hypnose geht, beschrieben. Dem können wir nicht entkommen. Ich kann aber auch meinen eigenen Brainwash (Programmierung) machen. Wenn ich diesen positiv gestalte, tue ich mir so oder so etwas Gutes. Wie wir später noch sehen werden, hat unsere Sicht der Dinge einen großen Einfluss auf unseren Organismus. Wenn meine Sicht der Dinge dazu führt, dass ich mein Leben in vollen Zügen genießen kann und Dinge mache, die mir etwas bedeuten, wird mein Leben dank meiner Weltsicht zu meiner Herzensangelegenheit.

Bevor es jedoch so weit ist, müssen wir Frieden mit uns und unserer Einzigartigkeit, mit allen daraus folgenden Eigenheiten schließen.

Uns muss bewusst werden, dass unsere Einzigartigkeit, die wir oft mit allen Mitteln unterdrücken wollen, um perfekt zu sein oder um so zu sein, wie die anderen uns gerne haben möchten, uns ausmacht und uns zu etwas sehr Exklusivem macht, das es nur einmal auf dieser Welt gibt. Wenn wir den Mut haben, uns zu vertrauen und uns in unserer Einzigartigkeit und Originalität zu zeigen, werden wir zu diesem Farbtupfer in der Welt, der nur wir sein können. Nur so bereichern wir die Welt und machen sie um eine Farbnuance reicher und bunter.

Viele von uns streben nach Perfektion, sie wollen den Normen unserer Gesellschaft entsprechen, doch vergessen sie bei all ihrem unermüdlichen Bestreben, wie langweilig doch die Welt wäre, wenn alle perfekt wären und niemand mehr einen »Fehler« begehen würde. Es wäre alles grau in grau, selbst die Fußballstadien wären schnell leer, denn es würden keine Tore mehr fallen, wenn alle immer alles richtig machen würden und sich so gegenseitig neutralisieren. Denn, wie sagt man so schön, im Fußball müssen Fehler geschehen, damit Tore fallen können.

Wenn wir alle perfekt wären, wären wir alle gleich, wie langweilig. Unsere Einzigartigkeit ist es, die uns so wertvoll macht, denn auch in der Wirtschaft wird die Wertigkeit über die Verfügbarkeit definiert. Gold ist teurer als Sand, denn es gibt weniger Gold als Sand am Meer. Auch sind Produkte, die in einer limitierten Auflage produziert werden, immer teurer und haben das Potenzial, mit den Jahren noch teurer zu werden. Reiche Menschen wollen keine Stangenware, sondern Maßanfertigungen, und sind bereit, für Exklusivität viel Geld zu bezahlen.

Was machen wir dagegen mit unserer Einmaligkeit, die einen unschätzbaren Wert hat? Wir tun alles dafür, dass wir uns anpassen, den Normen und Erwartungen entsprechen, damit wir ja nicht auffallen und von den anderen als eigenartig angesehen werden. Aber genau diese Eigenarten sind es doch, die uns ausmachen und die uns von den anderen unterscheiden! Wir alle haben Ecken und Kanten, und die gehören genauso zu uns wie unsere runden harmonischen Kurven und machen uns aus. Wir können tun und lassen, was wir wollen, wir werden es nie schaffen, diese Eigenarten ganz auszurotten. Zum guten Glück, so erhalten wir uns wenigstens noch einen letzten Rest Lebendigkeit, bevor wir im Tode erstarren.

Zufrieden zu sein mit sich und seinem Leben ist eine der größten Herausforderungen, denen wir uns stellen können. Denn es bringt uns zu den tiefsten Tiefen unseres Selbst, wenn wir mit den Dingen und Abgründen konfrontiert werden, die wir lieber nicht sehen wollen und die bei anderen vorkommen, aber nicht bei uns.

Uns so anzunehmen wie wir sind, beinhaltet vor allem, sich mit seiner Unperfektion, seinen Unzulänglichkeiten und seinen Schwächen zu versöhnen, mit ihnen Frieden zu schließen und ihnen einen Platz in unserem Leben zu gewähren. Denn all das ist es, vor dem wir die Augen verschließen wollen und von dem wir denken, dass es uns hinderlich ist in unserem Leben.

Aber sich selbst zuzugestehen, dass man nicht immer alles im Griff hat, dass man auch mal klein ist und – wie eine Therapeutin von mir so schön sagt – wir auch mal einen »Würmlitag« haben dürfen, nimmt unglaublich viel Druck, Stress und Last von unseren Schultern und macht uns toleranter für unsere Mitmenschen und ihre Eigenarten. Wir können so eine Haltung entwickeln, die uns und anderen erlaubt, ihre Einzigartigkeit zu leben und auszudrücken, auch wenn wir nicht damit einverstanden sind. Wir können andere so sein lassen, wie sie sind, ohne an ihnen herumzudoktern oder ohne sie uns so zurechtzubiegen, wie wir sie gerne hätten. Im Wissen darum, dass wir ihnen dann ihre ganze Schönheit rauben würden. Die anderen so sein zu lassen, wie sie nun einmal sind, ohne sie verändern zu wollen, braucht unseren inneren Frieden mit uns.

Das heißt aber nicht, dass wir uns dann mit allen verstehen müssen, sondern wir können nun alle so akzeptieren, wie sie sind, auch wenn wir nichts mit ihnen zu tun haben wollen. Um diese innere Zufriedenheit zu erlangen, müssen wir auch Frieden mit unserer Vergangenheit schließen, wohlweislich dessen, dass bei niemandem die Vergangenheit perfekt war und jeder von uns seine Hürden überspringen musste. Denn machen wir uns nichts vor, wir leben nicht in einer perfekten Welt, in der alles immer reibungslos verläuft. Gerade unsere heutige Zeit zeigt, dass doch so manches verrückt ist und im Argen liegt auf diesem Planeten und die Menschen mit Schicksalen gebeutelt und mit Herausforderungen bepackt werden, die unmenschlich sind. Doch das ändert nichts daran, dass wir für unser ureigenes Wohl Frieden mit dieser Welt, mit all ihren Ecken und Kanten und all ihren Schönheiten schließen müssen.

Wollen wir weniger Stress erfahren und uns wohlfühlen in unserer Haut, brauchen wir diesen inneren Frieden, ohne dass da draußen alles perfekt sein muss. Können wir mit unserer Vergangenheit nicht abschließen und sie hinter uns lassen, nehmen wir immer zusätzliches Gepäck mit auf unsere Reise, so als ob wir unnütze Steine in unserem Rucksack mit auf unserer Wanderung herumschleppen. So wie wir dieses Vertrauen in uns brauchen, dass wir genau so, wie wir sind, perfekt sind und wir alle Weisheit und alles Wissen in uns tragen, um unser Leben zu meistern, so müssen wir das Urvertrauen in das Leben entwickeln, das uns Sicherheit gibt, dass alles gut ist, gut wird und einen Sinn und Zweck erfüllt. Ohne dieses Urvertrauen wird es schwierig, Frieden mit dem Leben zu schließen.

Wenn wir ehrlich sind, müssen wir schon jetzt sagen, dass wir eine gehörige Portion Urvertrauen in uns tragen. Schließlich schweben oder rasen wir auf einem winzigen Planeten in einem unendlichen Universum umher und gehen jeden Abend mit dem unerschütterlichen Vertrauen ins Bett, dass am anderen Morgen die Sonne wieder aufgeht. Im Großen und Ganzen, oder besser gesagt bei den meisten Ereignissen, leben wir schon mit einem großen Urvertrauen. Selten gehen wir hinaus mit dem Zweifel, ob wir auch wieder heil nach Hause kommen, meist nehmen wir diese Gegebenheiten doch eher als von Gott gegeben hin. Und genau dieses Vertrauen brauchen wir auch in den kleinen Dingen des Lebens, wenn uns unser Herz (Intuition) etwas sagt, weil wir wissen, dass es gut für uns ist und wir ihm getrost folgen können.

Wenn uns bewusst ist, dass alles mit uns in Ordnung ist, obwohl wir nicht so sind, wie die anderen uns gerne hätten, sondern so, wie wir nun einmal sind – einzigartig, einmalig, mit unseren ganz spezifischen Eigenheiten und Merkmalen. Wenn wir uns obendrein darüber bewusst sind, dass wir alles in uns tragen, was wir brauchen, um unser Leben zu meistern, dass wir alle Weisheit und alles Wissen schon besitzen und wir nichts und niemanden brauchen, der uns rettet und sagt, was wir zu tun und zu lassen haben, dann werden wir zufrieden sein mit unserem Leben und der Welt, in der wir leben. Dann haben wir die innere Stabilität und Stärke, die uns den Mut geben, unserer Intuition zu folgen, damit wir in jedem Moment authentisch so sein können, wie wir gerade sind, und das frei zum Ausdruck bringen können. Das ist der Moment, in dem wir unsere Flügel ausbreiten und frei wie ein Adler durch die Lüfte gleiten können.

Das perfekte Herz

Eines Tages stand ein junger Mann mitten in der Stadt und erklärte, dass er das schönste Herz im ganzen Tal habe. Eine große Menschenmenge versammelte sich und sie alle bewunderten sein Herz, denn es war perfekt. Es gab keinen Fleck oder Fehler in ihm. Ja, sie alle gaben ihm recht, es war wirklich das schönste Herz, das sie je gesehen hatten. Der junge Mann war sehr stolz und prahlte noch lauter über sein schönes Herz.

Plötzlich tauchte ein alter Mann vor der Menge auf und sagte: »Nun, dein Herz ist nicht annähernd so schön wie meines.« Die Menschenmenge und der junge Mann schauten das Herz des alten Mannes an.

Es schlug kräftig, aber es war voller Narben, es hatte Stellen, wo Stücke entfernt und durch andere ersetzt worden waren. Aber sie passten nicht richtig und es gab einige ausgefranste Ecken … Genauer gesagt waren an einigen Stellen tiefe Furchen, in denen ganze Teile fehlten. Die Leute starrten ihn an und dachten: Wie kann er behaupten, sein Herz sei schöner?

Der junge Mann schaute auf des alten Mannes Herz, sah dessen Zustand und lachte: »Du musst scherzen«, sagte er, »dein Herz mit meinem zu vergleichen. Meines ist perfekt und deines ist ein Durcheinander aus Narben und Tränen.«

»Ja«, sagte der alte Mann, »deines sieht perfekt aus, aber ich würde niemals mit dir tauschen. Jede Narbe steht für einen Menschen, dem ich meine Liebe gegeben habe. Ich reiße ein Stück meines Herzens heraus und reiche es ihnen, und oft geben sie mir ein Stück ihres Herzens, das in die leere Stelle meines Herzens passt. Aber weil die Stücke nicht genau passen, habe ich einige raue Kanten, die ich sehr schätze, denn sie erinnern mich an die Liebe, die wir teilten. Manchmal habe ich auch ein Stück meines Herzens gegeben, ohne dass mir der andere ein Stück seines Herzens zurückgegeben hat. Das sind die leeren Furchen. Liebe geben, heißt manchmal auch ein Risiko einzugehen. Auch wenn diese Furchen schmerzhaft sind, bleiben sie offen, und auch sie erinnern mich an die Liebe, die ich für diese Menschen empfinde. Ich hoffe, dass sie eines Tages zurückkehren und den Platz ausfüllen werden. Erkennst du jetzt, was wahre Schönheit ist?«

Der junge Mann stand still da und Tränen rannen über seine Wangen.

Er ging auf den alten Mann zu, griff nach seinem perfekten jungen und schönen Herzen und riss ein Stück heraus. Er bot es dem alten Mann mit zitternden Händen an. Der alte Mann nahm das Angebot an, setzte es in sein Herz. Er nahm dann ein Stück seines alten vernarbten Herzens und füllte damit die Wunde in des jungen Mannes Herzen. Es passte nicht perfekt, da es einige ausgefranste Ränder hatte.

Der junge Mann sah sein Herz an, nicht mehr perfekt, aber schöner als je zuvor, denn er spürte die Liebe des alten Mannes in sein Herz fließen. Sie umarmten sich und gingen fort, Seite an Seite.

VERFASSER UNBEKANNT

Das war der erste Teil und der zweite folgt sogleich.

Herzratenvariabilität HRV (Lebensfeuer)

Ich weiß heute, wovon ich spreche. Ich kann mit voller Überzeugung und aus ganzem Herzen zu den Aussagen, die ich im ersten Teil dieses Buches gemacht habe, stehen, weil ich seit einigen Jahren mit dem Lebensfeuer-Test von Autonom Health arbeite. Dieser zeigt mir bei den Auswertungen immer und immer wieder, wie viel Einfluss unsere Einstellung zu den Dingen in unserem Leben, die auf unserem Weltbild gründet, auf unseren Körper hat. Bei dem Lebensfeuer geht es um Folgendes:

»Die Herzfrequenzvariabilität stellt nach Meinung der modernen Kardiologie den wichtigsten Prognosenparameter für Herz und Immungesundheit dar und gestattet darüber hinaus eine Aussage über die allgemeine Regulationsfähigkeit und Gesundheit des Gesamtorganismus. Menschen, deren Herzfrequenzvariabilität eingeschränkt ist, entwickeln über kurz oder lang statistisch signifikant gravierende Gesundheitsstörungen wie Herzkrankheiten, Depressionen und Neuropatien bis hin zu Krebs. Eine Verbesserung der Variabilität im Herzschlag durch gezielte lebensstilmedizinische Interventionen gestattet es, alle Arten an Medikamenten einschließlich Psychopharmaka einzusparen, weil dadurch die Anpassungsfähigkeit des Gesamtorganismus verbessert wird.«

(Zitat aus dem Ärztemagazin 37/2004)

Die Herzratenvariabilität (HRV) ist ein Maß für die allgemeine Anpassungsfähigkeit eines Organismus und damit ein Maß für Gesundheit.

Bei gesunden Menschen reagiert das Herz als Hightech-Instrument ununterbrochen auf äußere und innere Signale mit fein abgestimmten Veränderungen (»Variationen«) der Herzschlagfolge. Diese Veränderungen werden von unserer inneren Uhr, unserer Atmung, unseren Emotionen und von äußeren Einflüssen gesteuert; das heißt unser Herz reagiert unmittelbar auf alles, was wir im Außen erleben und im Inneren denken und fühlen. Dieses Phänomen nennt man Herzratenvariabilität, abgekürzt HRV.

Alle Rhythmen des Lebens finden sich im Herzschlag wieder, der vom autonomen Nervensystem mitgesteuert wird. Das Nervensystem ist beeinflusst vom täglichen Leben, von den menschlichen Urinstinkten – wie zum Beispiel Kampf und Flucht – sowie von unseren Erholungsphasen und dem Schlaf. Dieses abwechslungsreiche Spiel, dem sich keiner von uns entziehen kann, nimmt das vegetative Nervensystem wie eine Antenne auf und dirigiert jeden einzelnen Herzschlag unseres Lebens.

Viele Menschen denken, unser Herz müsste möglichst regelmäßig schlagen. Doch der Abstand zwischen jedem Herzschlag ist niemals völlig gleich. Bereits die Chinesen vor 1700 Jahren wussten um die Wichtigkeit eines variablen Herzschlages. Eine variable Herzfrequenz deutet auf einen positiven Gesundheitszustand hin, ein starrer Puls hingegen auf eine sehr kritische Situation.

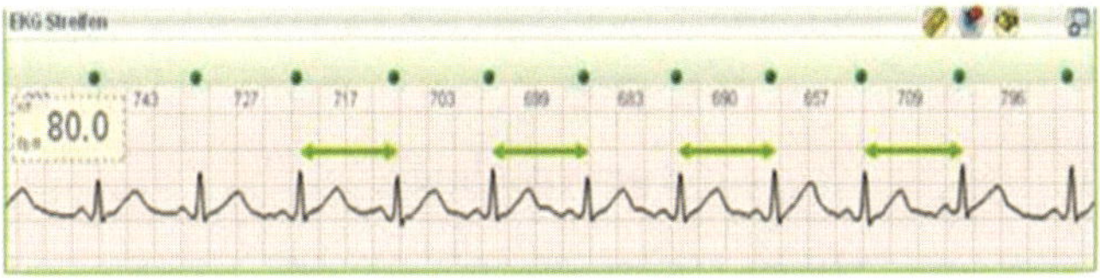

Die Entstehung des Lebensfeuers

Die rund 100 000 Herzschläge und Zigtausende Atemzüge ergeben ein riesiges Datenvolumen, das – im Unterschied zum herkömmlichen EKG – von der hoch spezialisierten AUTONOM HEALTH® Software hochgerechnet und sortiert wird. So stellt das Lebensfeuer ein leicht erfassbares Abbild der individuellen Gesundheit und des Gesamtzustandes eines Menschen dar – eine innovative und einzigartige Diagnostik- und Untersuchungsmethode! Durch die Transformation der technischen Daten in ein Farbprisma gelingt die Visualisierung von Zahlenwerten in eine »feuerähnliche« Darstellung.

Diese Diagnostikmethode ist neuester Stand einer jahrtausendealten Entwicklung. Schon seit jeher hat man versucht, den Zustand des Menschen diagnostisch zu erfassen. Ausgehend von der Pulsdiagnostik im 5. Jhd. vor Christus fand im 20. Jhd. eine bahnbrechende Entwicklung durch die bildgebende Diagnostik (Röntgen, Ultraschall, MR, PET) statt. Autonom Health hat mit der Lebensfeuerdarstellung einen weiteren großer Schritt im Bereich der bildgebenden Funktionsdiagnostik gesetzt.

Neues erkennen

Es gibt nichts Ehrlicheres als die HRV.

Da sich niemand über 24 Stunden lang verstellen kann, sind die Aussagen des Lebensfeuers über das autonome Nervensystem eines Menschen nicht nur beeindruckend, sondern absolut objektiv und valide.

Über die Messung der Herzratenvariabilität werden alle körperlichen, geistigen, emotionalen, seelischen und sozialen Befindlichkeiten in der Darstellung des Lebensfeuers aussagekräftig abgebildet.

Das aus über drei Millionen Daten entstandene Lebensfeuerbild gleicht einem Feuer: je intensiver und dichter die Farben (blau, rot, gelb etc.) und je höher die »Flammen« lodern, umso vitaler, jünger oder durchtrainierter ist ein Mensch. Zeigt das Diagramm nur kleine Flammen und wenig farbliche Kontraste, deutet das Bild auf reduzierte Lebenskraft, wenig parasympathische Aktivität, Erschöpfung oder Krankheit hin. Die HRV-Analyse zeigt detailliert die Rhythmik von individuellen Belastungs- und Erholungsphasen.

Durch die Kombination aus der grafischen Darstellung des Lebensfeuers mit den Zahlenwerten aus der HRV und

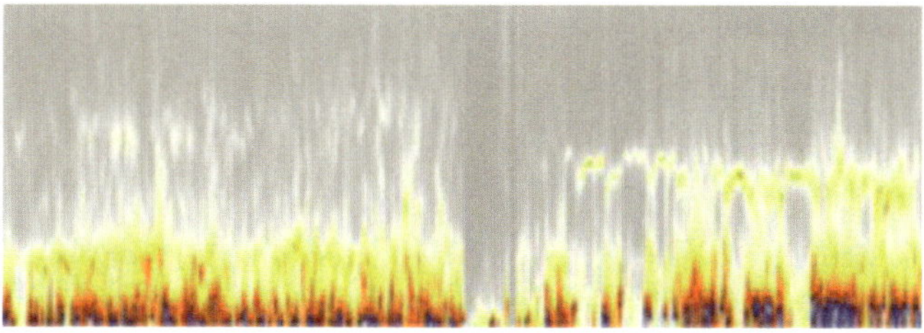

Angestellter, 32 Jahre, gesund und vital

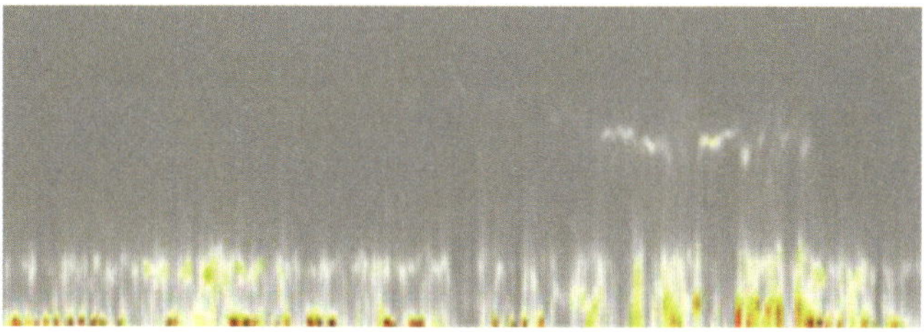

Handelsvertreter, 35 Jahre, ausgebrannt

den physiologischen Herzleistungsdaten können eindeutige Antworten auf viele Lebensbereiche gegeben werden:

- Wie alt bin ich wirklich? (Aktuelles biologisches Alter)
- Welche Kräfte, welche Reserven stecken in mir? (Leistungspotenzial, Trainingsmanko)
- Wann ist mir was zu viel? (Stressanfälligkeit, Burn-out-Risiko)
- Wie belastbar bin ich? (Körperliche und geistige Belastbarkeit)
- Wie kann ich mit Stresssituationen umgehen? (Regulationsfähigkeit, Stressmanagement)

- Wie schnell lade ich meine Batterien wieder auf? (Regenerationsfähigkeit, Schlafkultur)
- Wann bin ich am aktivsten? (Morgen-/Abendmensch)
- Wo kann ich mich noch mehr fördern? (Ressourcen, Karrierepotenzial)
- Welche Art der Ernährung ist am besten für mich? (Ernährungstypus)

Die grafische Darstellung des Lebensfeuers und dessen Analyse schaffen es, die äußerst komplexen Vorgänge des autonomen Nervensystems im menschlichen Körper abzubilden und alle emotionalen, geistigen, körperlichen und seelischen Gegebenheiten für jeden sichtbar und verständlich zu machen. So stellt das Lebensfeuer ein leicht erfassbares Abbild der individuellen Gesundheit und des Gesamtzustandes eines Menschen dar – eine innovative und einzigartige Diagnostik- und Untersuchungsmethode!

Ihr persönliches Lebensfeuer

Das Lebensfeuer® ist innere Landkarte und Wegweiser zugleich – die Darstellung Ihres Lebensstils und Ihrer Gesundheit als Ergebnis einer 24 Stunden EKG-Messung auf Basis der Herzratenvariabilität (HRV oder heart rate variability). Diese funktionale Leistungs- und Regenerationsdiagnostik ist neu und einzigartig in ihrer Darstellung.

Mittels eines tragbaren, alltagstauglichen EKG-Gerätes wird die Herzratenvariabiliät, dieser minimal unregelmäßige Abstand zwischen den einzelnen Herzschlägen, über 24 Stunden oder auch kürzer gemessen und in der aussagekräftigen Lebensfeuer-Grafik dargestellt – schmerzlos, komplikationslos, nicht invasiv! Sie bleiben in Ihrem beruflichen sowie privaten Umfeld, schlafen in Ihrem eigenen, gewohnten Bett und leben ganz normal Ihren Alltag.

Ob es sich dabei um ein Feuerwerk der Vitalität oder um ein schon fortgeschrittenes Burn-out-Syndrom handelt, kann objektiv dokumentiert werden – denn Ihr Körper lügt nicht.

Warum 24 Stunden lang gemessen wird

Als hoch sensitive Testmethode spiegelt die Herzratenvariabilität (HRV) unsere unterschiedlichen individuellen Möglichkeiten, auf Reize zu reagieren. Das Ergebnis jeder Messung wird demnach ausschließlich von der jeweils vorliegenden genetischen Konstitution und maßgeblich von der Summe vergangener und gegenwärtiger innerer und äußerer Einflüsse gestaltet.

Über einen kurzen Zeitraum gemessen, kann das Ergebnis einer HRV-Messung demnach durch die vorangegangene Nacht, Nahrungsmittel, Treppen steigen oder Sporteinheiten, Durst, Ärger, Freude, zu warme Kleidung, ärgerliche Telefonate etc. etc. massiv verändert werden. Valide Aussagen aufgrund von Kurzzeitmessungen erfordern die Berücksichtigung der individuellen Konstitution, der momentanen Situation der Messung und ein Höchstmaß an Standardisierung (Atemfrequenz, Körperhaltung, Emotion, äußere Bedingungen wie Raumtemperatur etc.).

Messungen über einen Zeitraum von 20 Stunden oder mehr erlauben hingegen einen dynamischen Einblick in die funktionelle Alltagsphysiologie eines Menschen. Das Ausmaß der Anpassungsfähigkeit an positiven und negativen Stress kann aus gesetzmäßig einander bedingenden biologischen Mustern abgelesen werden.

Ein nicht zu unterschätzender Faktor für die Beurteilung der Leistungsfähigkeit eines Menschen ist der Schlaf. Ähnlich einer »natürlichen Laborsituation« herrschen im Schlaf sehr konstante Bedingungen. Deshalb dient der Schlaf als beweisendes physiologisches Reaktionsmuster auf die bio-psycho-sozio-emotionalen Geschehnisse des Tages.

Beispiel

Wie eine Lebensfeuermessung aussieht und was man so daraus lesen kann, möchte ich in dem folgenden Beispiel, in dem es auch um die Thematik geht, die wir schon vorher angeschaut haben – dass alles mit allem verbunden ist –, zeigen.

Meine Erfahrungen mit dem Lebensfeuertest bestätigt mir immer wieder, dass alles mit allem verbunden ist und wir in Wechselbeziehung mit unserem Umfeld stehen. Und dass entweder das Umfeld auf uns oder wir auf unser Umfeld positiv oder negativ einwirken, je nachdem, welches System stärker ist.

Aus diesen Einsichten ergibt sich mit dem Lebensfeuertest von Autonom Health die spannende Möglichkeit, in

Firmen oder Sportmannschaften herauszulesen, welche Personen oder Grüppchen welchen Einfluss auf das Ganze haben. Es wird dann deutlich sichtbar, wer zieht und wer bremst den Karren, wo sind die Inspirierten, Innovativen und Kreativen, denen man Freiraum geben muss, und wo sind die pflichtbewussten Arbeitstiere, auf die man gut schauen muss, damit sie sich nicht kaputt machen und ausbrennen. So bietet sich für jeden Mitarbeiter die Chance zu sehen, mit wie viel Benzin im Tank er unterwegs ist und ob er eher morgens oder abends zu Höchstform aufläuft. Wenn man, im Sinne der Effizienz, eine Abteilung, ein Unternehmen, eine Mannschaft oder einen Verein führt, dann könnte es sinnvoll sein, seine Mitarbeiter ihren Stärken entsprechend einzusetzen und ein Team zusammenzustellen, das harmoniert.

Zum Schluss möchte ich Ihnen ein Beispiel dazu geben, anhand von drei Personen mit den entsprechenden Lebensfeuern, die, richtig eingesetzt und zusammengestellt, wunderbar miteinander funktionieren könnten, wenn nicht ein absolutes Desaster daraus entstehen wird.

1

Die Person des ersten Lebensfeuers sprüht vor Energie, sie ist voller Tatendrang, hat eine gute Grundsubstanz, die im unteren Bereich des Feuers – das man Very Low Frequency nennt und von 0,0033 bis 0,04 Hz geht – sichtbar wird. Außerdem hat sie eine große Leistungsbereitschaft, was im mittleren Bereich – den man Low Frequency nennt – zum Ausdruck kommt, der von 0,04 bis 0,15 Hz geht. Darüber

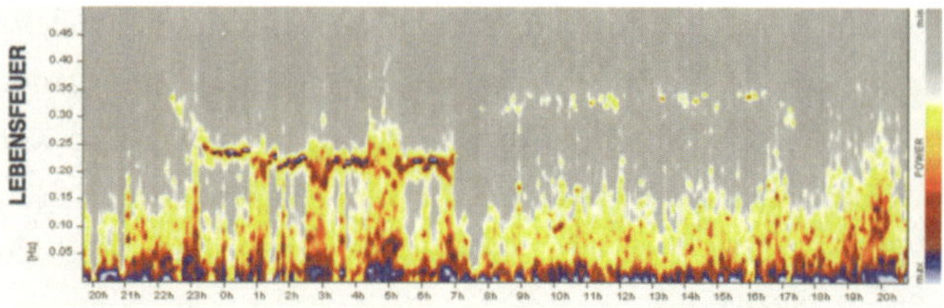

hinaus verfügt sie über eine gehörige Portion Inspiration, die im oberen Bereich des Feuers dargestellt wird, ab 0,015 Hz.

Sie hat über den ganzen Tag verteilt genügend Energie, ohne dass ihr zwischendurch die Puste ausgehen würde, im Gegenteil ist es so, dass im Laufe des Tages ihre Energie noch zunimmt und sie so ab 16 Uhr zur Höchstform aufläuft.

Dazu kommt, dass sich Person 1 in der Nacht sehr gut erholt und regeneriert, und das sieht man an den starken Dedektionen Rot und Blau in der Nacht, im Frequenzbereich um die 0,24 Hz, das nennt man Respiratorische Sinusarrythmie, die entsteht, wenn der Atem im Gleichklang mit dem Herzen ist. Wenn ich das im Lebensfeuer von Autonom Health sehe, weiß ich, dass hier die Engelchen in der Nacht zum Fenster hereinfliegen und alles reparieren, was am Tag kaputtgegangen ist. So kann diese Person am nächsten Tag wieder aus dem Vollen schöpfen.

Eine Person mit so einem Feuer zieht den Karren, geht vorneweg, entwickelt und zieht neue Projekte an und setzt diese auch um. Sie hat das innere Feuer, um andere mitzuziehen. Denn nur wer selbst brennt, kann Feuer in anderen entfachen.

2

Die zweite Person mit ihrem Lebensfeuer ist auch noch leistungsfähig, aber bei ihr müsste man gut schauen, dass sie sich immer wieder die nötigen Pausen gönnt. Denn mit ihrem ausgeprägten Pflichtbewusstsein, das in ihrem Feuer im Low Frequency Bereich bei 0,10 Hz sichtbar wird, neigt sie dazu, über ihre Grenzen zu gehen. Wenn dort ein dunkelrotes Band, das sogar einige blaue Flecken aufweist, sichtbar wird, zeigt dies, dass viel Kraft und Energie auf der mentalen Ebene eingesetzt wird.

Die Grundsubstanz in der Very Low Frequency, 0,0033–0,04 Hz Bereich, ist noch gut. Das sage ich jetzt ganz bewusst so, weil dieser Person im Bereich von 0,05 Hz komplett die Energie fehlt, und dort sitzen die Freude, Begeisterung und Leidenschaft. An dieser Kombination sieht man, dass diese Person sehr viel über ihren Willen, über das Mentale macht und ein sehr großes Pflichtbewusstsein besitzt. Das wiederum birgt die Gefahr in sich, dass man den Bogen überspannt und sich keine Pausen gönnt, wenn der Organismus müde ist und sich kurz ausruhen sollte. Dieser Mechanismus wird im Lebensfeuerbild ab etwa 12.15 Uhr sichtbar, da fängt das Feuer an, schwächer zu werden, und

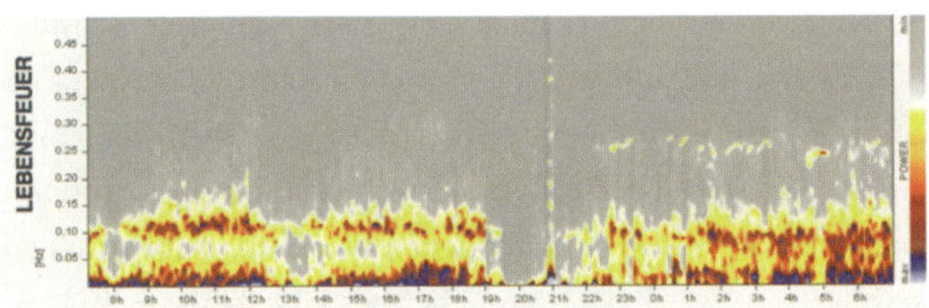

erst ab 14 Uhr fängt es wieder an zu steigen, was darauf hindeutet, dass dieser Person ein Powernap von 20 Minuten nach dem Mittagessen gutgetan hätte. Sie könnte mit einem regelmäßigen Powernap von nur 20 Minuten am Tag viel dazu beitragen, leistungsfähig zu bleiben.

Ihre mentale Stärke ist Segen und Fluch zugleich. Von außen wird die Person einen sehr stabilen Eindruck machen. Sie wird alles in ihrem Leben im Griff haben und höchstwahrscheinlich auch erfolgreich sein, da sie sich sehr gut konzentrieren und fokussieren kann, und sie wird sehr belastbar sein. Alles supergute Eigenschaften und ein Segen, wer darüber verfügen kann. Die Kehrseite der Medaille ist, dass die Gefahr besteht, dass wir unsere Grenzen nicht spüren und übers Ziel hinausschießen, uns alles auf die Schultern laden und trotz riesigem Gepäck auf dem Rücken, und wenn wir schon am Limit sind, immer noch den Berg hinaufrennen. Mit der Zeit macht das die Menschen kaputt. Das sind oft die Chefs (Manager), die ohne Vorwarnung und jegliche Anzeichen für die äußere Welt von heute auf Morgen im Burn-out landen. Die Überraschung der Umwelt ist dann riesengroß und man sagt sich, das hätte ich nie für möglich gehalten. Diese Personen sind Meister des Überspielens.

Ich weiß aus eigener Erfahrung, dass man über die mentale Ebene unglaublich viel erreichen kann, besonders im Sport kann das die Ebene sein, in der man den Unterschied ausmachen kann. Mental immer stärker zu werden, scheint erstrebenswert und ein wichtiger Faktor, um erfolgreich zu sein oder zu werden. Es braucht aber eine große Achtsamkeit, um nicht Gefahr zu laufen, früher oder später den Preis dafür zu bezahlen. Deshalb habe ich mich aufs Stressmanagement spezialisiert, weil es mir, und das sage ich jedem Sportler, der zu mir kommt, nicht darum geht, dass meine Klienten erfolgreicher werden, sondern dass sie ihr Leben mehr genießen können und glücklicher sind. Wenn sich dann der Erfolg nebenbei auch noch einstellt, dann ist niemand böse darüber, aber dafür übernehme ich keine Verantwortung. Um das Leben mehr genießen zu können, müssen wir die mentale Kontrolle aufgeben, um dann auf einer tieferen Ebene des Bewusstseins zu erkennen, dass wir die Kontrolle immer noch haben, zwar nicht mehr mental – indem wir unsere Reaktionen auf das Bestehende über den Verstand kontrollieren –, sondern über unser Bewusstsein, das entscheidet, was geschieht.

Am Beispiel dieser zweiten Person sieht man schon die Auswirkungen ihrer dauernden mentalen Kontrolle. Denn selbst in der Nacht kann sie mental nicht mehr richtig abschalten, was dazu führt, das der Atem nicht mehr so stark in Einklang mit dem Herzen kommt, was zu einer schon etwas schwächeren respiratorischen Sinusarrythmie führt. Das heißt, dass diese Person sich bereits nicht mehr optimal erholen und regenerieren kann und das eine oder andere Engelchen schon an ihrem Fenster vorbeifliegt, was der Person nicht mehr ermöglicht, ihre Reservespeicher komplett zu füllen, um jeden Tag wieder aus dem Vollen zu schöpfen – das führt mit der Zeit zu einem Substanzverlust. Bei dieser Person ist es aber im Großen und Ganzen noch jammern auf sehr hohem Niveau. Die Tendenzen sind jedoch schon sichtbar, ohne das die Person selbst – geschweige denn ihre Umwelt – etwas davon wahrnehmen würde.

Die zweite Person mit ihren Eigenschaften braucht keine Kontrolle, denn sie übernimmt sie schon selbst, daher ist sie in einem Bereich, in dem es große Verantwortung und Sorgfalt braucht, sehr gut aufgehoben.

3.

Die dritte Person kämpft eigentlich täglich ums Überleben, nicht im wörtlichen, sondern im übertragenen Sinn. Die Substanz im Very Low Frequency Bereich ist mit fast durchgehenden roten Dedektionen noch lange nicht am Ende und gibt der Person auch die gute Möglichkeit, ihr Feuer wieder zum Lodern zu bringen, aber dafür muss sie ihren Stress, unter dem sie steht, verringern und anfangen, gut für sich zu sorgen. Die dritte Person sollte schauen, dass sie das Leben etwas leichter nimmt und dass nicht alles todernst ist, sondern eher einem Spiel gleicht, das man mal gewinnt und mal verliert. Denn mit Freude, Begeisterung und Leidenschaft ist es bei ihr nicht mehr so weit her, wie man an den spärlichen hellgelben Pünktchen im Low Frequency Bereich von 0,04–0,15 sieht.

Die Inspiration nimmt sich bei ihr eine kreative Pause oder Auszeit, denn tagsüber ist im High Frequency Bereich über 0,15 tote Hose, und die einzelnen hellen Pünktchen, die man sieht, zeigen, dass die Person zu diesem Zeitpunkt müde und erschöpft war und nicht inspiriert. Dieser Bereich der Inspiration hat mit der Atmung zu tun und kann

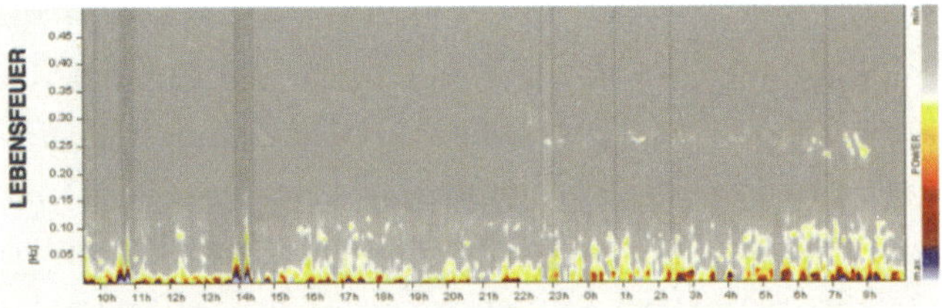

darüber auch gestärkt werden. Die dritte Person würde von Atemübungen sehr profitieren, um wieder zu Atem zu kommen und tief durchatmen zu können in ihrem Leben. Denn auch die Nacht ist nicht mehr mit einem Highlight gleichzusetzen, die meisten Engelchen verpassen ihr Fenster und fliegen womöglich zum Nachbarn oder sind in den Ferien.

Dadurch ist ihre Erholung und Regeneration in der Nacht nicht mehr so kräftig, wie sie eigentlich sein müsste, um die Folgen des Stresses, den sie tagsüber gehabt hat, auszugleichen. Die spärliche respiratorische Sinusarrythmie zeigt deutlich, dass die Atmung nicht frei ist. Aber die dritte Person ist eine Kämpferin und versucht mental noch gute Miene zum bösen Spiel zu machen, das sieht man an den hellgelben Deduktionen im Bereich um 0,10 Hz.

Wenn jetzt Person Nummer 3 der Patron und Gründer der Firma ist, der nicht mehr im täglichen Geschäft tätig ist, und Nummer 1 die Geschäfte als CEO zusammen mit dem Finanzchef Nummer 2 als Kontrollorgan führt, dann wären hier alle Personen am richtigen Platz und die Aussichten, erfolgreich zusammenzuarbeiten, wären gut.

Wären aber alle drei in einem Großkonzern in einer Führungsposition und müssten gemeinsam die Zukunft des Konzerns gestalten, dann würde bei den Sitzungen folgendes Szenario auftreten: Nummer 1 sprüht nur so vor Ideen, will neue Märkte erschließen und neue Produkte entwickeln und umsetzen. Nummer 3 wehrt sich vehement dagegen, denn es müssen zuerst einmal die laufenden Geschäfte erledigt werden; noch mehr geht nicht, denn wir sind eh schon an der Grenze der Kapazität angelangt und manchmal sogar darüber hinaus. Nummer 3 wird alles tun, damit nicht noch mehr Arbeit entsteht.

Nummer 2 wird mal den einen, mal den anderen – je nach Tagesform – unterstützen, aber eher auf der konservativen, sicheren Seite sein wollen, die nicht zu viele Risiken in sich birgt. Die drei werden in einer Sitzung sein wie ein Chinese, ein Schweizer und ein Isländer, die jeweils nur ihre Landessprache beherrschen und sich gegenseitig nicht verstehen. Diese Konstellation wäre sicherlich nicht sehr zielführend.

Nun noch eine letzte Konstellation: Wäre in einer Firma Nummer 3 der Chef von Nummer 1, der als High Potential gehandelt würde, und Nummer 2 auf gleicher Stufe wie Nummer 1, dann hätte der Chef bald Angst um seine Position, und er würde alles tun, um Nummer 1 in seinem Freiraum einzuschränken und zu versuchen, ihn klein zu halten. Er würde die loyale und pflichtbewusste Nummer 2 als seinen Verbündeten gewinnen wollen, damit er seinen Job sichern kann. Das wiederum würde zu einer Atmosphäre führen, in der alle wie auf Nadeln säßen ob des herrschenden Machtkampfes.

Früher oder später würde ein Mitarbeiter mit einem großen Potenzial die Firma verlassen, weil er sich nicht voll entfalten kann. Oder der Chef muss aus gesundheitlichen Gründen die Segel streichen. Oder der Verwaltungsrat entscheidet, dass es, um die Firma konkurrenzfähig zu halten, eine Änderung in der Führung braucht, und die Nummer 1 rückt auf den Chefposten.

Es geht immer zuerst um das Wie, danach um das Was

Nachfolgend werde ich Ihnen einige Informationen und Techniken vorstellen, mit denen Sie aktiv etwas für ein gutes Stressmanagement machen können und so Ihr Feuer zum Lodern bringen.

Vorab aber eine wichtige Information: Wir können die besten Atem- und Körperübungen, die besten Nahrungsmittel, das sauberste Trinkwasser, das gesündeste Fitnessprogramm haben – das alles nützt uns nichts, wenn wir nicht die richtige innere Einstellung dazu haben! Hingegen können wir viel Mist machen, aber wenn wir diesen genießen, entspannt dabei sind und für uns wissen, dass es uns guttut, dann hält sich der Schaden in Grenzen.

Dazu kommt mir ein Lied in den Sinn, das heißt *Why do Good People Die Young (Weshalb sterben gute Menschen jung)*. Das handelt davon, weshalb es gerade die Guten unter uns schon so früh erwischt. So wie bei dem Makler, bei dem ich ein Grundstück auf Mallorca gekauft hatte und den ich Monate später auf der Straße wieder traf. Als wir so im Gespräch waren, erzählte er, dass er gerade in seiner Heimat Australien gewesen sei und seinen jüngeren Bruder zu Grabe getragen habe, der in jungen Jahren an einer Krankheit gestorben sei. Er meinte, dass das Leben schon ungerecht sei, weil sein Bruder so früh verstorben sei, obwohl er ein so guter Mensch gewesen wäre, der immer für die anderen da war, nie geraucht, getrunken hatte und immer der gleichen Frau treu geblieben sei. Er hingegen, der alles gemacht hätte in seinem Leben, was Gott verboten hätte, und keine Party mit allem, was dazu gehört, an ihm vorbeigegangen sei, der das Leben in vollen Zügen ausgekostet und zuerst mal auf sich geschaut hätte, sei quietschfidel.

Weshalb das so ist, zeigt sich mir immer wieder bei meinen Coachings mit dem Lebensfeuer. Ein Klient, der zu mir kam, weil er Energie- und Antriebsprobleme hatte, ist ein klassisches Beispiel für diesen Mechanismus. Er trieb viel Sport, ernährte sich sehr gesund, und Rauchen und Alkohol lagen ihm fern. Trotz all dem fühlte er sich müde, antriebslos und es fehlte ihm die Energie. Nachdem er das 24-Stunden-EKG gemacht hatte, wertete ich es aus und schaute mir sein Lebensfeuer an.

So sah es mit der entsprechenden Pulskurve und den Details der Messung dann aus. Aus der näheren Betrachtung heraus ergab sich für mich nur eine Frage, die ich ihm in der

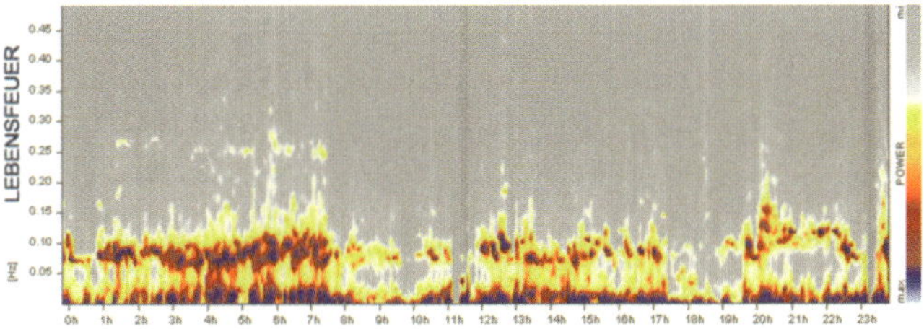

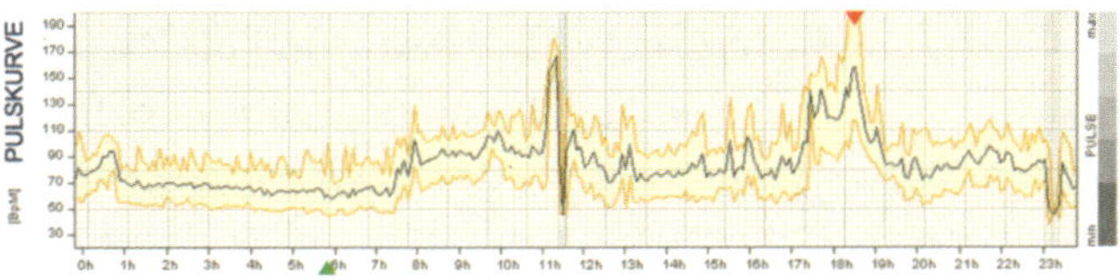

DETAILS DER MESSUNG

Aktuelles Biologisches Alter	30 Jahre	**General Vitality Index**	383
Anzahl Herzschläge	115.432	**Anzahl Herzschläge in 24h**	115.432
Minimale Herzrate	45 BpM um 05:50:44 (Schlaf)	**Dynamik A**	22 BpM
Maximale Herzrate	199 BpM um 18:31:42 (Sport)	**Dynamik B**	155 BpM

Parameter	Tag	Schlaf	Ganze Messung
Mittlere Herzrate	84,59 BpM	65,54 BpM	77,68 BpM
Total Power	5.086,67 msec²	9.469,30 msec²	6.334,39 msec²
ULF	610,56 msec²	529,03 msec²	587,34 msec² (9,27 %)
VLF	1.941,16 msec²	2.981,76 msec²	2.237,42 msec² (35,32 %)
LF	2.214,27 msec²	5.186,55 msec²	3.060,47 msec² (48,32 %)
HF	320,68 msec²	771,96 msec²	449,16 msec² (7,09 %)
pNN50	5,36 %	21,38 %	8,89 %
SDNN	---	---	---
RMSSD	---	---	---

Pulsstatistik	Protokolliert	Tatsächliches Aktivierungsniveau	
Schlaf, Entspannen / Ruhen	07:25 (30,90%)	01:11 (5,35%)	Pulsbereich Schlafen
Sitzende Tätigkeiten	13:15 (55,21%)	08:41 (39,09%)	Pulsbereich Sitzen
Gehen / Radfahren, manuelle Arbeit	00:15 (1,04%)	11:12 (50,43%)	Pulsbereich Gehen, Manuelle Arbeit, etc.
Sport	01:50 (7,64%)	00:39 (2,94%)	Pulsbereich Grundlagenausdauer
	---	00:28 (2,17%)	Pulsbereich Spitzenpuls

Besprechung stellen würde, das war: Ob er die Dinge, die er in seinem Leben machte, aus Freude oder Angst machte?

Ich erkläre Ihnen, anhand welcher Zeichen im Lebensfeuer ich zu dieser Frage kam. Im obigen Lebensfeuerbild können Sie im Bereich von 0,05 Hz über den ganzen Tag Löcher, also graue oder ganz helle gelbe Stellen sehen, die zeigen, dass in diesem Bereich keine oder nur wenig Kraft

(Energie) vorhanden ist. Bei 0,10 Hz zeigt sich eine fast durchgehende rote Linie mit teilweise dunklen blauen Stellen, und das zeigt, dass hier sehr viel Kraft und Energie steckt.

Der Bereich von 0,04 bis 0,15 Hz entspricht rhythmischen Veränderungen der Herzrate im Bereich von 25 bis 7 Sekunden.

Geistige und emotionale Aktivierung und die Ausrichtung des Gesamtsystems auf Leistung wird hier sichtbar. Bei Fokussierung auf mentale, emotionale Prozesse finden sich prägnante Detektionen im Bereich von 0,1 Hz. Grundlage dieses Phänomens ist, dass im Zuge hoher mentaler Aktivierung wichtige Zusammenspiele mit dem Blutdruck stattfinden, der etwa alle 10 Sekunden angepasst wird. Diese sind bei ihm sehr ausgeprägt, was für eine sehr gute Konzentrationsfähigkeit spricht, aber auch zeigt, dass er sehr pflichtbewusst ist und sehr viel Energie in mentale Konzepte steckt. Mit diesen Eigenschaften kann er sehr gut seine mangelnde Freude und Begeisterung überspielen, aber sie rauben ihm Unmengen an Kraft und Energie.

Sein Pflichtbewusstsein gepaart mit seinen mentalen Konzepten, an denen er hängen bleibt, sorgen dafür, dass er eine erhöhte Spannung in seinem Körper hat. Diese wiederum zeigt, dass sein ganzes System konstant auf Kampf und Flucht eingestellt ist, was auch sehr schön an seinem, für sein Alter und seine Sportlichkeit, viel zu hohen Pulsniveau ersichtlich wird.

Wenn Sie sich die Details der Messung anschauen, sehen Sie ganz unten die Pulsstatistik, in der sein Pulsniveau mit seinem Aktivitätenprotokoll verglichen wird, und Sie können erkennen, dass er 7 Stunden und 25 Minuten Schlaf und Erholung protokolliert hat, aber effektiv nur 1 Stunde und 11 Minuten Schlafpuls hatte. Sitzende Tätigkeiten standen mit 13 Stunden und 15 Minuten zu Buche, effektiv war er 8 Stunden und 41 Minuten in diesem Pulsbereich. Also fast seine ganze Nachtruhe verbrachte er in diesem Pulsbereich. Gehen, Radfahren, manuelle Arbeiten hat er 15 Minuten im Protokoll, effektiv war er aber während 11 Stunden und 12 Minuten in diesem Bereich. Die sitzenden Tätigkeiten erledigte er mit einem Puls, der dem Gehen oder Radfahren entspricht. Das zeigt, dass er sich allgemein bei jeder Tätigkeit in einem höheren Pulsbereich bewegte, als er eigentlich sollte, was einem Motor entspricht, der mit höheren Drehzahlen unterwegs ist und so natürlich viel mehr Benzin verbraucht.

Sein Körper war also ständig und sogar nachts in Alarmbereitschaft. Deshalb lag sein biologisches Alter mit 30 Jahren auch höher als sein kalendarisches, das mit 28 zwei Jahre darunter lag. Sein Körper fühlte diesen inneren Stress, den er sich machte, und es scheint zu zeigen, dass Stress uns also tatsächlich schneller altern lässt.

Dieses Feedback des Organismus über 24 Stunden zeigt repräsentativ Vergangenes und Aktuelles in unserem Leben, bei dem unsere Konstitution gezeigt wird und was wir bis dahin daraus gemacht haben.

Viele meiner Klienten fragen mich, bevor sie den Test machen, ob es eine große Rolle spielen würde, an welchem Tag sie ihn machen. Könnte man meinen, aber es ist so, dass es nur minimale Abweichungen beim Lebensfeuer gibt, ob wir nun an einem schönen freien Sommertag mit unseren Liebsten die Messung machen oder in einem hektischen Alltag. Die Signatur der Messung bleibt die Gleiche, da der Organismus etwas Zeit braucht – etwa drei bis sechs Monate –, um Veränderungen zu integrieren und sichtbar zu machen. Der Organismus adaptiert also langsam, aber sicher auf das, was wir im Leben so tun, ob das nun zu seinem Wohl oder seinem Übel ist.

Das sind nur ein paar wenige Indizien, von denen es noch viele gibt, aber das wird zu komplex, um sie hier darzustellen.

Sein Lebensfeuerbild mit all den Daten trieb mir also die Frage ins Bewusstsein, ob er wohl alles aus Freude oder aus Angst in seinem Leben machte. Als ich ihm in der Besprechung diese Frage stellte, sah ich in seinem Gesicht, dass ich den Nagel auf den Kopf getroffen hatte. Er sagte mir dann, dass er Angst hätte, krank zu werden und zu sterben, deshalb würde er alles ihm Mögliche tun, damit er gesund bleibt. Er esse sehr gesund, mache regelmäßig Sport und achte darauf, sich viel in der Natur an der frischen Luft zu bewegen. Sein Körper aber spiegelte seine Angst, die all die guten und sehr gesunden Dinge, die er machte, in ihrer Entfaltung hinderte. Sein Körper konnte die ganzen Vitamine, Mineralstoffe, Spurenelemente und Vitalstoffe, die seine Nahrung ihm anbot, gar nicht richtig aufnehmen, da er immer unter Strom stand und bereit war zu kämpfen oder zu flüchten. Sein Körper sorgte dafür, dass sein Blut mehrheitlich in den Armen und Beinen unterwegs war, das

Verdauen kann warten, bis die Gefahr vorbei ist. Leider, so zeigte sein Lebensfeuer, gab er seinem Organismus nie Entwarnung, was zu einer chronischen Anspannung führte, die ihn viel Energie kostete. Diesen Energieverbrauch konnte er nicht mehr mit der Nahrung, die im Stress nicht richtig aufgenommen wurde, kompensieren.

Das Positive an seinem gesunden Lebenswandel war, dass sein Organismus wenigstens nicht noch mit zusätzlichem Mist belastet wurde. Auch der Sport, den er recht intensiv betrieb, war so für seinen Körper statt einer Entlastung eher eine Belastung, die zu mehr Energieverbrauch führte, weil er auch hier mit der Intensität und seiner Grundspannung über das Ziel hinausschoss. Er meinte es gut, aber er konnte sich so nichts Gutes tun. Bei ihm ging es darum, zu lernen, besser mit seinen Ängsten umzugehen, seine Konzepte, nach denen er lebte, zu hinterfragen, damit sie ihm nicht mehr so sehr im Weg stehen würden, und all seine guten Anstrengungen ihre Wirkung entfalten könnten.

Die Atmung

Es ist spannend zu sehen, wie in unserer Welt versucht wird, die Gesundheit zu verbessern oder aufrechtzuerhalten. Viele Berichte in Hochglanzmagazinen, Boulevardblättern, TV-Shows, Blogs und YouTube-Videos widmen sich diesem Thema. Wenn man genauer hinschaut, dann dreht sich das Ganze um drei große Themen Wellness, Sport und Ernährung. Atmung spielt größtenteils keine Rolle und die wenigsten machen sich jemals Gedanken darüber. In meiner Praxis sehe ich immer wieder, dass die Menschen gar nicht wissen, wie sie atmen, sondern die meisten atmen einfach. Sobald den Menschen aber bewusst ist, was der Atem so alles anrichten kann, bekommt er eine andere, größere Bedeutung.

Wie wichtig der Atem ist, lässt sich an einem kleinen Beispiel herleiten, das ich meinen Klienten immer wieder gebe, wenn wir auf den Atem zu sprechen kommen: Wie lange können Sie beispielsweise ohne Wellness überleben? Lange, würde ich sagen, sogar sehr lange. Ohne Sport, wie lange können Sie ohne Sport überleben? Ein ganzes Leben, würden viele antworten. Wie lange können Sie ohne Nahrung auskommen? Als Faustregel gilt: drei Tage ohne Wasser und drei Wochen ohne Nahrung.

Und wie lange können Sie ohne zu atmen überleben? Normalerweise wird man nach zwei Minuten ohne Sauerstoff ohnmächtig. Überleben kann der menschliche Körper so lange, wie Sauerstoff im Blut zur Verfügung steht. Das ist von Mensch zu Mensch unterschiedlich und kommt beispielsweise auf den Trainingszustand an. Die elektrische Gehirnaktivität erlischt bereits nach 20 Sekunden ohne Sauerstoff – Bewusstlosigkeit tritt ein. Nach zwei bis drei Minuten werden die ersten Zellen geschädigt, zuerst in der Hirnrinde, dann im Stammhirn, das Blutkreislauf und Atmung regelt. Nach fünf Minuten ist das Gehirn irreparabel geschädigt, sodass ein Mensch nur noch im Wachkoma weiterleben kann. Nach zehn Minuten ohne Sauerstoffzufuhr ist ein Mensch klinisch tot.

Schon dieses kleine Beispiel zeigt, dass wir der Atmung ein wenig mehr Aufmerksamkeit und Achtsamkeit schenken sollten. Denn wenn uns bewusst wird, was die Atmung so alles macht und kann, werden wir vielleicht zu dem Schluss kommen, dass wir dieses Mittel für unser Wohlbefinden und unsere Gesundheit nutzen sollten. Deshalb nehme ich im Folgenden die Atmung etwas genauer unter die Lupe.

Die Atmung ist eine der wichtigsten organischen Grundfunktionen des Menschen. In etwa 26 000 Atemzügen täglich regeln wir einen großen Teil unseres Energieaustausches. Rund 90 Prozent der Stoffwechselenergie, die der Körper benötigt, wird mithilfe von Sauerstoff aufgenommen. Der Sauerstoff wird in den Gewebezellen benötigt, um die elementaren Verbrennungsvorgänge aufrechtzuerhalten. Bei der Ausscheidung spielt die Atmung ebenfalls eine wichtige Rolle. Das dabei entstehende CO_2 wird über die Atmung abgegeben. Die Einatemluft enthält 0,03 Prozent Kohlendioxid, die Ausatemluft 4 Prozent.

Die Leistungsfähigkeit des Körpers hängt wesentlich vom geregelten Funktionieren dieser Austauschprozesse ab. Sinkt der Sauerstoffgehalt der Zellen unter ein kritisches Niveau ab, können diese ihren lebensaktivierenden Aufgaben nicht mehr ausreichend nachkommen. Je weniger Sauerstoff vorhanden ist, desto eher kommt es zur Degeneration der Zellen.

Die Funktion der Atmung

Die primäre Steuerung der Atmung geschieht durch das vegetative Nervensystem. Die Ruheatmung obliegt dem Vagus, die Stressatmung dem Sympathikus.

Wenn wir einatmen, wird der Einfluss des Vagus abgeschwächt, und die Herzrate steigt. Atmen wir aus, wird der Einfluss des Vagus stärker und die Herzrate sinkt. Diese simple mechanische Veränderung beim Atmen verstärkt die beruhigende und allgemein positive Wirkung des Vagusnervs auf den Körper.

Die Atmung ist ein untrüglicher Indikator für unseren inneren Zustand. Sobald die Atmung beschleunigt wird, verstärkt sich auch die Aktivität des Herzens, und die Stressreaktion setzt ein. Gleichzeitig wird die Aktivität des sozialen Systems herabgesetzt. Wir werden zunehmend gereizt und gehen den Menschen in unserer Umgebung »auf die Nerven«. Im Extremfall erstarren wir. Deshalb sollten wir auf der Hut sein, wenn wir merken, dass unsere Atmung ohne körperliche Anstrengung hektisch zu werden beginnt. Sie signalisiert uns, ob wir uns in einer stressigen Situation noch im Griff haben.

Bei Kleinkindern konnte über die Beobachtung der respiratorischen Sinusarrhythmie, wenn Atmung und Herzschlag im Gleichklang sind, festgestellt werden, dass eine gut funktionierende Vagus-Bremse, also eine ausgeprägte Fähigkeit, stressbeladene Situationen gut zu verarbeiten und sich schnell wieder zu beruhigen, eine gute und verlässliche Prognose sowohl für die Gesundheit als auch für ihr Sozialverhalten anzeigt.

Die Atmung ist aber auch das einfachste und genialste Tor zur Rückregulierung des entgleisten Nervensystems. Wenn wir sie entspannen, entspannt sich der Herzschlag, und schließlich schwindet die ganze Stressreaktion. Bei Atemübungen lernen wir, gewohnheitsmäßige Spannungsmuster in unserer Atmung zu lösen. Wir lernen, wie wir die Atmung vertiefen können, und damit, wie wir die Ausatmung ausdehnen können. Wir trainieren damit unseren Vagusnerv darauf, schneller zu bremsen, wenn der Sympathikus nicht mehr benötigt wird, also schneller wieder in den entspannten Normalzustand zurückzuschwingen, wenn die Gefahr vorüber ist. Dadurch sparen wir Ressourcen und Energie. Sobald wir wieder im Bereich des »smarten« Vagus sind, sorgen wir aktiv für unsere Gesunderhaltung und sind zugleich auch angenehmere Zeitgenossen für unsere Mitmenschen.

Gelingt es also, den vagalen Tonus, die »Kraft« dieses Nervensystems zu stärken, so ist das hilfreich bei verschiedenen Störungsformen. Stress beispielsweise ist gekennzeichnet durch ein schnelles und flaches Atemmuster, das anzeigt, dass sich die Herzrate beständig im sympathischen Bereich befindet, dass also die vagale Bremse nicht mehr oder nur mangelhaft wirksam ist. Damit ist der Organismus einer Dauerbelastung ausgesetzt, die sich nicht anders als in Fehlfunktionen niederschlagen kann. Viele der Störungen, welche direkt durch eine Fehlfunktion des vegetativen Nervensystems hervorgerufen sind, können mithilfe der Wiederherstellung der vagalen Selbstregulation über Methoden der Atem- und Körperarbeit positiv beeinflusst werden.

Bei unseren »Stressfrei Glücklich Wochen« in Mallorca machen wir genau aus diesem Grund ein Vagustrainingslager, in der wir eine Woche lang immer und immer wieder den Vagusnerv stimulieren und aktivieren, damit er seine wahre Pracht entfalten kann. Die Wirkung einer solchen Woche ist ziemlich erstaunlich, wie Sie später noch erfahren werden.

Der Mensch kann mit Atem- und Körperübungen auf einer tiefen, durch die verbale Sprache nicht erreichbaren Ebene, gewissermaßen in seinen Eingeweiden, zur Ruhe kommen und zu dieser Entspannung immer wieder zurückfinden, innere Stabilität erlangen und das vegetative Nervensystem gut regulieren. Wenn sich diese Strategien der Stressbewältigung und des Vertrauens auf der vegetativen Ebene aufgebaut und gefestigt haben, können heilsame Veränderungen eintreten.

Man kann die Kraft des Atems und der Körperarbeit nutzen, um tiefliegende Themen spürbar zu machen, ins Bewusstsein zu bringen und zu integrieren, das heißt, ihnen den Spannungsgehalt zu nehmen, sodass sie im Leben nicht mehr als störend auftreten.

Das übergreifende Ziel liegt darin, Körper, Seele und Geist in Einklang zu bringen. Der Atem wird als Schnittstelle dieser verschiedenen Erfahrungsebenen des Menschen genutzt, da er eine relativ leicht beeinflussbare autonome Körperfunktion darstellt, deren Aktivität eng mit psychischen Befindlichkeiten zusammenhängt und von alters her auch eine starke geistige und meditative Komponente beinhaltet.

Die Befreiung des Atems und des Körpers von Blockaden wird als wichtiger Schritt zur psychischen Heilung und zum Ganzwerden der Person verstanden. Atem- und Körperübungen erweisen sich für viele Problemfelder als hilfreich, weil sich die Veränderung des Atemmusters auf alle wichtigen Systeme im körperlich-seelischen Bereich auswirkt. Aus der Praxis sind viele positive Wirkungen im Bereich verschiedener gesundheitlicher Probleme, Stressreduktion, diverse psychische Störungen bis hin zur persönlichkeitserweiternden Selbsterfahrung und transpersonalen Öffnung belegt. Eine besonders wertvolle Wirkung finden wir in dem am Ende einer Atem-Sitzung meistens auftretenden positiven Körpergefühl, welches unter anderem bei depressiven Erkrankungen zu einer fortschreitenden Aufhellung des Bewusstseins führen kann. Mit der Atmung können wir ein Wohlgefühl in uns auslösen, das mit der Zeit unsere Körperchemie verändern kann, und somit, nicht von heute auf morgen aber nachhaltig, sich unser Befinden verbessern kann.

Verschiedene Atmungsarten

Nasenatmung

Die Nasenatmung ist die feinere Form der Atmung. Die Nase bremst den Luftstrom, reinigt die Atemluft und befeuchtet sie. Die Nasenschleimhäute und Gesichtshöhlen werden aktiviert und der Atemstoffwechsel beginnt schon bei den Nasenlöchern. Es besteht eine enge Verbindung der Nasenatmung zum vegetativen Nervensystem (Parasympathikus und smart Vagus) und zum Gehirn, insbesondere zu den Gefühlszentren im limbischen System, aber auch zum Großhirn.

Mundatmung

Die Mundatmung wird vor allem dann wichtig, wenn das Einatemvolumen die Kapazität der Nase übersteigt. Das ist im Alltagsleben der Fall, wenn wir uns körperlich anstrengen. Durch den Mund können wir schneller und mehr atmen. Wir atmen auch durch den Mund, wenn wir stärkere Gefühle erleben und ausdrücken.

Brustatmung

Die Brustatmung dient grundsätzlich zur Bewältigung von Not- und Angstsituationen. Auf diesem Weg kann dem

Körper in kurzer Zeit viel Sauerstoff zugeführt werden. Zugleich werden durch die Anspannung der Bauchdecke die inneren Organe geschützt. Die Hilfsmuskeln im Brust- und Schulterbereich werden anstelle des Zwerchfells für die Atembewegung genutzt. Bei vielen Menschen ist die Brustatmung die gewohnte alltägliche Atemform. Darin liegt der Grund für die meisten Atemstörungen, aber auch für Verspannungen im Hals- und Nackenbereich, die bei vielen zu Kopfschmerzen führen. Typisch für die Brustatmung ist die Anspannung bei der Ausatmung. Da wir uns bei der Brustatmung zumeist im Stress befinden, wird auch die Ausatmung vom sympathischen Nervensystem gesteuert, und das für die Entspannung zuständige parasympathische Nervensystem kann bei der Atmung nicht mitwirken.

Bauchatmung

Die Bewegung der Bauchdecke beim Atmen wird durch das Zwerchfell, dem Hauptatemmuskel, bewirkt. Das Atemvolumen wird durch Dehnen und Zusammenziehen des Zwerchfells geregelt. Die Bauchatmung kann dazu beitragen, dass sich der gesamte Bauchraum bis in den Beckenraum hinein entspannt, wobei ein strömendes Wärmegefühl entstehen kann. Dabei werden die vegetativen Nerven des Sonnengeflechts aktiviert.

Wird das entspannte Ausatmen in den Bauch hinein erlernt, kann sich das Zwerchfell beim Ausatmen ganz aus seiner Spannungsposition fallen lassen. Darüber hinaus öffnet die vertiefte Bauchatmung den Kontakt zu den Stoffwechselorganen im Bauchbereich.

Vollatmung
Die Verbindung von Bauch- und Brustatmung wird auch als Vollatmung bezeichnet. In ihr kommen die Gaben der Entspannung der vollen Brust- und Bauchatmung zusammen. Der Atem ist kraftvoll und gelöst zugleich. Eine ebenmäßige Bewegung füllt den ganzen Atemraum von unten nach oben beim Einatmen und leert ihn wieder in der gleichen Richtung. Dieser Atem ist Sinnbild für die ideale Gestalt des Menschen, der selbstbewusst zu seiner Stärke steht, ohne sich zu verhärten und zu verschließen. Jeder Atemzug beinhaltet die Öffnung für Neues und das Entspannen nach innen.

In Atemübungen lernen wir zunächst und vordringlich, die Ausatmung zu entspannen und die Einatmung zu weiten. Die »richtige« Atmung besteht also darin, beim Einatmen die inneren Räume des Atmens ohne Anstrengung öffnen zu können und bei der Ausatmung jede Anspannung ganz loszulassen. Dadurch wird das Lungenvolumen optimal genutzt. Der Körper wird ausreichend mit frischem Sauerstoff versorgt und von Kohlendioxid entlastet mit einem Minimum an Energieaufwand. Wenn wir die Vollatmung praktizieren, kommen wir in einen kraftvollen und zugleich entspannten Zustand, in dem wir die Aufgaben und Herausforderungen des Lebens am besten bewältigen können.

HeartMath Atemübungen

Diese Atemübungen habe ich in meiner Ausbildung zum HeartMath-Coach kennen- und schätzen gelernt. Sie wurden im Labor des HeartMath Instituts entwickelt, um den Menschen zu einem besseren Stressmanagement zu verhelfen. Ich bin jemand, der alles an sich selbst testet, bevor er es weitergibt, und anhand meiner Kenntnisse über die HRV wusste ich, dass ich die Wirkung verlässlich messen und dadurch auch die Auswirkungen beobachten und verifizieren kann. Da sich bei mir gute Ergebnisse zeigten und ich die Wirkung selber erleben und verifizieren konnte, fing ich an, diese Kenntnisse an meine Klienten weiterzugeben. Bei ihnen zeigten sich zwar unterschiedliche Wirkungen, aber allesamt in die richtige Richtung führende. Deshalb, und weil sie so passend zum Inhalt dieses Buches sind, möchte ich Ihnen diese Atemübungen hier vorstellen und sie Ihnen ans Herz legen, sie für ein gutes Stressmanagement einzusetzen und auch zu nutzen. Denn das beste Werkzeug nützt nichts, wenn es nur im Werkzeugkasten in der Garage steht. Wie beim Sport gilt auch hier: Übung macht den Meister. Hätte ich aufgehört, schießen zu lernen mit meinem schwächeren rechten Fuß – als ich auch nach Stunden, Tagen, Monaten und Jahren noch nicht jeden Ball mit rechts ins Lattenkreuz hämmerte – hätte ich womöglich nie ein Tor bei einer WM erzielt.

Das größte Problem, das ich bei meinen Klienten im Coaching sehe, ist die Ungeduld, die aus der Unwissenheit zu Unsicherheit führt und den einen oder anderen seine

Reise abbrechen lässt, bevor er sein Ziel erreicht, das vielleicht schon um die nächste Ecke kommen würde.

Schon Winston Churchill sagte: »Gib niemals auf, gib niemals auf, gib niemals auf, nie, nie, nie!«

Ich kann hier nur sagen, üben Sie weiter und weiter und weiter, und je länger Sie üben, desto größer wird der Nutzen sein, den diese Atemübungen des HeartMath Instituts auf Sie und Ihr Leben haben werden. Wie jedes Training ist es auch hier so, dass der Effekt immer größer wird, je mehr wir üben, es ist wie eine Lawine, die sich langsam, aber sicher und stetig vergrößert, bis aus einigen Schneeflocken eine Walze aus kompaktem Schnee geworden ist, die alles platt walzt, was ihr in den Weg kommt. So schwemmt mit der Zeit des Übens die Welle der Herzgefühle die alten verkrusteten und über Jahre eingefahrenen negativen Emotionsmuster davon. Und je größer die Welle wird, desto tiefere blockierte Emotionen können aufgewühlt und weggespült werden. Bei jedem Üben zahlen Sie auf Ihr Stressresistenzkonto einen Betrag ein, der sich kumuliert und Ihnen später bei Stresssituationen zur Verfügung steht. Am Anfang werden Sie davon vielleicht noch nichts spüren, so wie beim Hundertsten-Affen-Effekt, aber irgendwann kommt der Moment, in dem Sie genügend Stressresistenz aufgebaut haben, und Sie werden merklich gelassener, klarer und gesünder auf diese reagieren können.

Ihre Hartnäckigkeit beim Üben wird Ihre Wichtigkeit, die Sie einem guten Stressmanagement geben, definieren. Es wird zeigen, wie wichtig Ihnen dieser Faktor in Ihrem Leben ist.

Unsere Gesellschaft bietet viele verschiedene Möglichkeiten, seine Zeit zu investieren. Gewohnheiten zu ändern, braucht unseren Einsatz von Zeit und Energie; wir sind aber nur dazu bereit, diesen zu leisten, wenn es für uns auch sinnvoll ist. Sehen wir keinen Sinn darin, werden wir die Energie nicht aufbringen, um eine Veränderung in unserem Leben zu bewirken. Alles, was ich bisher geschrieben habe und noch schreiben werde, zielt genau darauf ab, zu zeigen, dass sich ein gutes Stressmanagement lohnt. Sie treffen dann für sich selbst eine Entscheidung, ob Sie Ihre kostbare Lebenszeit in ein gutes Stressmanagement stecken oder ob Ihnen die Zeit und Energie, die Sie dafür aufwenden müssen, nicht wert ist und Sie lieber etwas anderes machen.

Wenn sich die Übungen gut anfühlen, werden sie auch hilfreich sein, und diejenigen, die nicht das Bedürfnis haben, diese Übungen zu praktizieren, werden auch nichts verpassen. Wichtig ist nur, dass die Dinge, die Sie in Ihrem Leben machen – vor allem die in Ihrer Freizeit, die Sie ja freiwillig machen und die Sie sich aussuchen können –, sich gut für Sie anfühlen, Sinn ergeben und Ihnen Freude und ein gutes Gefühl bereiten. Um es noch einmal gesagt zu haben: Pleasure is medicine and love has the power to heal.

Machen Sie diese Übungen aus einem Pflichtbewusstsein heraus, nach dem Motto »ich müsste doch«, das Ihnen sonst ein schlechtes Gewissen suggeriert, kann ich Ihnen versichern, dass Sie Ihre Zeit und Energie nicht effizient und sinnvoll einsetzen und dass der Nutzen daraus relativ bescheiden bleibt. Es gibt noch tausend andere Sachen, die für ein gutes Stressmanagement dienlich sind, finden Sie die für Sie passenden und es wird Ihnen eine Freude sein, bei dem kein »ich müsste doch« vorkommt. Aber denjenigen, die die nun folgenden Atemübungen mit Freude und dem Gefühl machen, dass sie sich etwas Gutes tun, denen werden sie auch gute Dienste leisten.

Lassen Sie sich durch die Einfachheit der Übungen nicht in die Irre führen und zu falschen Interpretationen verleiten. Es geht auch bei diesen Übungen nicht um die Technik an sich, also nicht primär darum, was Sie machen, sondern vielmehr wie Sie diese angehen. Denn der Erfolg beruht darauf, dass Sie sie entspannt, mit Leichtigkeit, Gelassenheit und Lockerheit üben, ohne sich unter Druck zu setzen, denn nur mit einer dem Herzen entsprechenden inneren Haltung können diese Techniken ihre volle Wirkung entfalten.

Die große Herausforderung für die meisten Menschen in unserer Gesellschaft ist, genau diese innere Haltung zu kultivieren, in der es nicht um gewinnen und anspannen geht, sondern in der es um das Geschehen-, Los- und Fließenlassen geht. Wie Heraklit so schön sagte: »Panta rhei« – alles fließt! Die Daoisten sprechen vom »Wu Wei« – Handeln durch Nichthandeln. Es bedeutet nicht, untätig zu bleiben, sondern den Potenzialen die Möglichkeit zu geben, sich zu entfalten, oder anders ausgedrückt, dem natürlichen Lauf der Dinge zu folgen.

Das umfasst sowohl eine Wahrnehmung für sich abzeichnende Tendenzen zu entwickeln, als auch mit möglichst geringen Eingriffen diese Tendenzen mit ihrer Wirkung sich entfalten zu lassen. Hierzu passt bildlich die

Arbeit, die der Bauer für seine Pflanzen erledigt. Er kann sie nur wachsen lassen und mit verschiedenen Maßnahmen wie gießen, jäten und einzäunen ihre Entwicklung und ihr Gedeihen begünstigen. Es hilft jedoch nicht, wenn er an ihnen zieht, damit sie schneller wachsen.

So bedeutet Wu Wei auch eine Haltung der Mühelosigkeit, in dem Wissen, dass die wesentlichen Dinge von ganz allein geschehen, und es ist schon viel getan, wenn wir diesen nicht im Wege stehen. Wir haben von klein auf gelernt, dass nur mit harter Arbeit etwas zu erreichen ist, ohne Schweiß kein Preis oder no pain no gain war das Motto, und wer am meisten kämpft, kann die größten und meisten Pokale mit nach Hause nehmen. Dieses Muster ist bei den meisten von uns tief ins neuronale Netzwerk eingebrannt und verankert, und genau deshalb ist es für viele von uns schwierig, Dinge zu tun, ohne zu kämpfen, ohne uns anzuspannen und anzustrengen, fast nicht auszuhalten, schon achtsames langsames Gehen ist für viele eine Tortur.

In meiner Praxis als Coach benutze ich deshalb fast nur Atem- und Körperübungen, die diesem neuronalen Muster entgegenwirken. Nicht um diese zu löschen, im Gegenteil, es gibt Situationen im Leben, da müssen wir die nötige Spannung haben, um Höchstleistung zu erbringen. Aber wir brauchen eben auch die andere Vernetzung, in der wir unserem Tun diese ruhige, langsame, entspannte, gelassene Eleganz geben, die den Kreis rund und das Rad ganz machen lässt, denn ansonsten wird unsere Reise ganz schön holperig, wenn wir nur mit halben Rädern unterwegs sind. Ein gesunder, leistungsfähiger Organismus kann sich, wenn es die Umstände erfordern, voll anspannen und alles aus sich herausholen, was in ihm steckt, und wenn die Umstände sich verändert haben, kann er sich vollkommen entspannen und die Ruhe genießen. Wie es Löwen tun, die liegen die meiste Zeit des Tages faul im Schatten und genießen das süße Nichtstun, aber wenn die Dämmerung einbricht und die Jagdzeit beginnt, kommt das Raubtier zum Vorschein, das bis in die letzte Faser seines Körper gespannt ist, damit es die Beute, die es zum Überleben braucht, erlegen kann.

Besonders bei Sportlern wäre die Kultivierung einer unangestrengten Bewegung so wichtig, denn nur wenn wir gelernt haben, uns in der Anspannung zu entspannen, können wir uns mit einem minimalem Kraftaufwand viel ökonomischer bewegen. Wenn wir auch dieser Art des Trainings Zeit einräumen, kann sich das Muster fest in unserem neuronalen Schaltraum verankern und wir können so die größtmögliche Effizienz erreichen, die uns viel Energie und so manche Verletzung erspart. Daraus entstehen Athleten, denen scheinbar alles mühelos gelingt und die mit einer Eleganz bestechen, die jeden Zuschauer neidisch werden lässt.

Es gibt Forschungsstudien, die erklären, wie unser Herz funktioniert, ein paar Aspekte davon haben wir uns bereits angeschaut. Wissenschaftler des HeartMath Instituts haben ermittelt, dass sich der Herzrhythmus von Probanden augenblicklich ändert, wenn sie sich auf ihren Herzbereich konzentrieren und ein Gefühl erzeugen, das wir mit dem Herzen in Verbindung setzen wie zum Beispiel Liebe, Freude, Wertschätzung, Anteilnahme usw. Wenn der Herzrhythmus sogenannt kohärent (harmonisch) wird, setzen wasserfallartige Veränderungen im Nervensystem und in der Biochemie ein, die sich praktisch auf jedes Organ im Körper positiv auswirken.

Gefühle, die wir mit dem Herzen assoziieren, beeinflussen beide Äste des vegetativen Nervensystems gleichermaßen. So reduzieren sie zum einen die Aktivität des Sympathikus – dieser Ast beschleunigt die Herzfrequenz, verengt die Blutgefäße und regt die Ausschüttung von Stresshormonen an. Anderseits erhöht sich auch die Aktivität des Parasympathikus – dieser Ast ist verantwortlich für die Verlangsamung der Herzfrequenz und unterstützt die Entspannung des ganzen Körpers. So verbessert sich die Zusammenarbeit zwischen Sympathikus und Parasympathikus. Diese Kooperation verringert Reibung und den Verschleiß der Nerven und aller inneren Organe. Wir geben nicht Vollgas und treten dabei gleichzeitig voll auf die Bremse, wobei Ihnen jeder Mechaniker bestätigen wird, dass das nicht die ökonomischste Art ist, Ihr Auto zu fahren, und dass der Verschleiß des Fahrzeugs so enorm hoch ist, sondern geben wir zuerst Gas, nehmen dann den Fuß vom Gas und bedienen erst dann die Bremse, bevor wir den Fuß von der Bremse nehmen und wieder das Gaspedal bedienen. So arbeiten Sympathikus und Parasympatikus Hand in Hand und sorgen dafür, dass wir im richtigen Moment Spannung haben und nach der Spannung die Entspannung folgt.

Dieser Rhythmus und dieses Zusammenspiel findet im Atem seine Entsprechung und kann durch ihn reguliert werden. Einatmen ist aktiv, der Sympathikus arbeitet. Ausatmen ist passiv, der Parasympathikus arbeitet. Die meisten von uns haben aber im Laufe ihres Lebens diesen natürlichen Rhythmus verloren und behalten die Spannung auch beim Ausatmen aufrecht. Das führt dazu, dass der Sympathikus im Dauereinsatz ist, mit der Folge, dass konstant Stresshormone ausgeschüttet werden und der Parasympatikus langsam, aber sicher immer mehr verkümmert, und Glücks- und Entspannungshormone werden immer weniger ausgeschüttet. Wie wichtig aber ein gesunder, aktiver Parasympathikus für unsere Gesundheit ist, und das nicht nur für unseren Körper, sondern auch für unseren Geist, zeigt sich bei den Behandlungsmethoden der Depression, dort werden zum Beispiel Medikamente verschrieben, die den Pegel der Glückshormone im Körper wieder steigern sollen.

Eine andere Methode ist die Vagusnerv-Stimulation. Der Vagusnerv ist der zehnte Hirnnerv, er ist der größte Nerv des Parasympathikus und an der Regulation und der Tätigkeit fast aller inneren Organe beteiligt.

Bei der Behandlung von Epilepsiepatienten entdeckten Mediziner in den Neunzigerjahren eine interessante Nebenwirkung: Eine Art Schrittmacher, der den sogenannten Vagusnerv im Hirn anregt und auf diesem Weg epileptische Anfälle unterbindet und gleichzeitig hellt die Stimmung der Patienten auf. Die Vagusnerv-Stimulation (VNS) funktioniert über eine Operation, bei der die Ärzte eine Elektrode im Halsbereich einsetzen, die mit einem Draht zum Vagusnerv verbunden ist. An der Achsel wird ein Impulsgeber unter der Haut platziert, der alle fünf Minuten aktiv wird. Bei

Stimulation sendet der Nerv dann ein Signal an das Emotionszentrum im Gehirn, das limbische System. Dort wird die Stimmung reguliert.

Ich mache mir diesen Zusammenhang bei meinen Coachings mit einer Atemübung zunutze, bei der der Vagusnerv stimuliert wird. Die Ärzteschaft ist mit den erzielten Resultaten der mechanisch erzeugten Vagusnervstimulation nicht zufrieden, ich hingegen sehe mit der Atemübung zur Vagusnervstimulation sehr gute Resultate und gebe diese sehr gern und mit gutem Gewissen an meine Klienten weiter.

Ich zeige Ihnen die Wirkung dieser Atemübung anhand der Lebensfeuermessung eines Klienten. Bei ihm könnte man anhand seines Aktivitätenprotokolls zu dem Schluss kommen, dass er Rennfahrer werden sollte, da sein Feuer jedes Mal zu lodern begann, wenn er im Auto saß. Doch geschah das nicht wegen der Autofahrt, sondern weil er die Zeit der Fahrt nutzte, um die Vagusatemtechnik zu praktizieren.

Anhand der folgenden relevanten Daten konnte ich die Aussage tätigen, dass die Vagusatmung dem Klienten auf unterschiedlichen Ebenen gutgetan haben.

1. Die mittlere HR (Herz-Rate).
   (Oben rechts in der Abb. Seite 207)
2. Die pnn 50, die das Maß der Vagusaktivität und die generellen Reserven anzeigt, um mit inneren und äußeren Stressoren umzugehen.
   Höhere Werte weisen hier auf vermehrte parasympathische Aktivität hin.
   (Unten rechts in der Abb. Seite 207)

3. HF (High Frequency): Veränderungen in diesem Bereich werden vom Vagusanteil des ANS gestaltet. Die Ausrichtung des Gesamtsystems auf Erholung wird hier sichtbar. Atmung und unsere Inspiration werden sichtbar. *(Mitte unten in der Abb.)*
4. LF (Low Frequency): Die Ausrichtung des Gesamtsystems auf Leistung wird hier sichtbar. Bei Fokussierung auf mentale und emotionale Prozesse finden sich prägnante Detektionen im Bereich von 0,1 Hz. Freude, Begeisterung und Leidenschaft werden hier sichtbar. *(Mitte zweitunterste Zeile in der Abb.)*
5. VLF (Very Low Frequency): Spiegelt die vorhandene körperliche Substanz des Individuums wider. *(Mitte zweitoberste Zeile in der Abb.)*
6. Total Power beschreibt die Gesamtenergie eines Menschen. *(Mitte oben in der Abb.)*

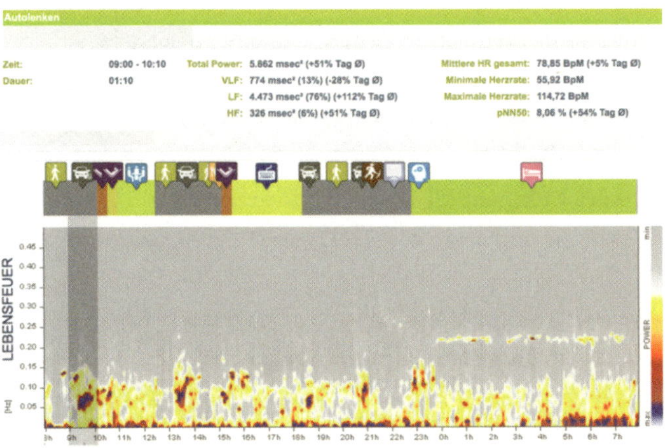

Wenn wir uns nun das Lebensfeuer bei der ersten Autofahrt an diesem Tag, die von 9.00 bis 10.10 Uhr protokolliert wurde, mit den oben beschriebenen Daten etwas genauer anschauen, sehen wir:

- Dass die HR um 5 Prozent erhöht ist im Bezug zum Tagesdurchschnitt, was auf eine gewisse Anspannung hindeutet, wenn der VLF Wert auch erhöht ist. Das ist hier nicht der Fall, deshalb können wir diese Zahl hier so stehen lassen.
- Der pnn 50 Wert ist 54 Prozent über dem Tagesdurchschnitt, was zeigt, dass die Vagusaktivität hier deutlich gesteigert wurde, sich die Person wohl- und gut fühlt und Substanz aufbaut, um mit allfälligen Stressoren zurechtzukommen. Ein Zeichen, dass die Vagusatmung gute Wirkung zeigt.
- HF steigt um 51 Prozent zum Tagesdurchschnitt, was auch eine deutliche Aktivierung der Vagusaktivität zeigt.
- Der LF steigt um 112 Prozent, was zeigt, dass die Person mit Freude und Begeisterung bei der Sache ist.
- Der VLF Bereich sinkt um 28 Prozent, was bedeutet, dass der Körper entspannt ist.
- Das alles führt zu einer Total Power von 5.862, das entspricht einem Plus von 51 Prozent zum Tagesdurchschnitt und zeigt, wie viel Energie die Vagusatmung gibt.

Wenn ich solche Werte sehe, sage ich meinen Klienten, egal was es ist, dass sie mehr davon machen sollen, denn es tut ihnen gut.

Bei der nächsten Fahrt von 13.20 bis 14.15 Uhr sah es so aus:

- HR minus 5 Prozent: Die Person ist entspannt.
- pnn 50 plus 108 Prozent: Der Vagus ist sehr aktiv, die Person fühlt sich pudelwohl und hat große Stressreserven.
- HF plus 79 Prozent: Der Vagusnerv ist sehr aktiv, die Person atmet frei und ist offen für Inspirationen und ihre Intuition.
- LF plus 119 Prozent: Freude herrscht, würde unser Ex-Bundesrat Dölf Ogi sagen. Die Person ist mit Leib und Seele präsent und genießt den Augenblick.
- VLF minus 15 Prozent: Der Körper ist entspannt.
- Total Power 6.354, plus 64 Prozent: Nicht schlecht für eine Atemübung, die man während einer Autofahrt machen kann.

Die zwei weiteren Fahrten an diesem Tag sparen wir uns, weil die Auswirkung der Vagusatemübung immer die gleiche war. Der parasympatische Ast des autonomen Nervensystems mit dem Vagusnerv wurde deutlich aktiviert. Es tat der Person auf verschiedenen Ebenen gut und sie hat ihrem Organismus etwas Gutes getan, was er ihr mit mehr Energie gedankt hat. Wenn die Person diese Atemtechnik mit der gleichen inneren Haltung weitermacht, wird der parasympatische Ast des autonomen Nervensystems mit dem Vagusnerv immer aktiver werden, was zu immer mehr Stressresistenz, Gesundheit und Stärke führen wird. Denn wir wissen ja jetzt, dass unser Hormonsystem uns bei Vagusaktivität mit Glückshormonen belohnt. Was wir aber noch nicht wissen, ist, dass auch ein Hormon namens DHEA ausgeschüttet wird, dem der Ruf nacheilt positiven Einfluss auf den Alterungsprozess zu haben. Somit sollte allen langsam klar werden, dass für ein langes, gesundes, glückliches und zufriedenes Leben nicht nur ständig unser Sympathikus bis zur Erschöpfung aktiviert werden muss, sondern dass es unabdingbar ist, dass unser Vagusnerv auch aktiv an unserem Leben teilnehmen muss, denn sonst verkümmert er wie eine schöne Blume, die man ohne zu wässern in eine dunkle Ecke stellt. Wie bei allem in unserem Körper, ist es auch beim Vagusnerv so: Use it or loose it.

Wenn wir unsere Muskeln nicht gebrauchen, bilden sie sich zurück. Nicht weil der Körper uns etwas Böses will, sondern unser Organismus sieht den Sinn und Zweck nicht ein, Energie in ein System zu stecken, das nicht gebraucht wird. Neutral betrachtet ist das sehr clever und effizient, ob es auch gesund ist, ist die andere Frage. Beim Vagusnerv kann diese Frage leicht beantwortet werden. Nein, es ist nicht gesund. Wir leben in einer Gesellschaft, in der Sympathikusaktivität schon fast Religion ist und es den Anschein macht, als glaubten wir, dass wir durch dieses Verhalten zu besseren Menschen werden. Manager und Führungspersonen beispielsweise brüsten sich damit, dass sie nur drei bis vier Stunden Schlaf benötigen und sie – noch bevor sie um fünf Uhr zur Arbeit fahren – schon 100 Kilometer auf dem Rad abgespult haben, um fit und bereit für den 16-stündigen Arbeitstag zu sein.

Liebe Leser, lassen Sie sich von solchen Geschichten nicht blenden, es gibt wirklich viele, die das machen, aber seien Sie versichert, dass es den meisten nicht wirklich guttut und sie sich so ihr eigenes Grab schaufeln. Es gibt zwar tatsächlich Menschen, die mit wenig Schlaf auskommen, aber das sind nur wenige von denen, die glauben, so wenig Schlaf reiche für sie.

Manchmal dauert es einfach etwas, bis die Wahrheit zum Vorschein kommt, bei dem einen etwas früher, bei dem anderen etwas später, aber sie kommt.

Denn auch im Schlaf aktivieren und trainieren wir den parasympatischen Ast unseres autonomen Nervensystems und so auch den Vagusnerv. Damit ist klar, wie wichtig genügend und guter Schlaf und Erholung für unsere Gesundheit und auch für unsere Produktivität sind. Somit kann man sagen, dass langes Schlafen nichts für Faulpelze ist, sondern etwas für die Gescheiten unter uns. Nicht nur im

Sport ist neben dem richtigen Trainingsreiz der entscheidende Faktor, um die Leistungsfähigkeit zu steigern, die Erholung. Haben wir zu große oder zu viele Reize und zu wenig Erholung, sinkt die Leistungsfähigkeit, und auch das nicht nur bei Sportlern. Das richtige Maß an Spannung und Entspannung entscheidet über unsere Leistungsfähigkeit. Wir können uns zwar mental hinters Licht führen, uns einreden, dass wir Superman seien und die natürlichen Gesetzmäßigkeiten für uns nicht gelten, zum Durchpowern auserwählt wurden, aber dann auch früher oder später den Preis dafür bezahlen.

Wer gerne und lange schläft, gilt als faul und unproduktiv, deshalb jagen wir uns und unsere Kinder schon früh aus dem Bett, nach dem Motto: Der frühe Vogel fängt den Wurm. Wir sind aber nicht alle gleich, wie ich in den Lebensfeuern meiner Klienten immer wieder sehe, es gibt Menschen, deren Organismus ist morgens gleich leistungsbereit, andere aber kommen erst später in die Gänge und sind eher nachtaktiv. In unserem System hat einer Pech, der so einen Organismus bei der Geburt geschenkt bekommen hat, er wird sein Leben lang mit Jetlag unterwegs sein. Auch bei Kindern und vor allem Jugendlichen weiß man, dass sie frühmorgens nicht leistungsbereit sind, doch egal, sie müssen ja lernen, dass der frühe Vogel den Wurm fängt, auch wenn er seinen Schnabel vor Müdigkeit kaum aufhalten kann.

Wir glauben, die Jugendlichen seien faul und träge, doch das ist nicht der Fall, in ihrem Organismus laufen einfach so viele verschiedene Prozesse ab, die viel Energie brauchen, sodass der Körper sehr viel Ruhe benötigt. Doch egal, die Schule fängt immer früher an und die faulen Jugendlichen müssen endlich lernen, in die Gänge zu kommen, sonst wird nichts aus ihnen werden.

In unserer Gesellschaft ist immer der Mensch schräg, uns käme nicht im Traum in den Sinn, dass vielleicht unser System etwas schräg sein könnte. Bei uns muss sich der Mensch, also das Wesen, das natürlichen Rhythmen unterworfen ist, dem System, das man x-beliebig gestalten könnte, unterwerfen. Was, wenn man es neutral betrachtet, schon etwas schräg ist.

Bettina Henning hat ein Buch mit dem schönen Titel *Der frühe Vogel kann mich mal* geschrieben, in dem es um Folgendes geht: »Drehen Sie sich morgens gern noch mal im Bett um, statt jauchzend unter die Dusche zu springen? Laufen Sie erst nachmittags zur Höchstform auf? Dann gehören Sie zu den ›Eulen‹ – den Langschläfern, die seit jeher von den frühaktiven ›Lerchen› tyrannisiert werden: mit morgendlichen Sprech- und Arbeitszeiten, grausam-fröhlichen Frühstückssendungen und Prüfungen in aller Herrgottsfrüh. Es reicht! Bettina Hennig zeigt, warum Eulen die besseren und netteren, da ausgeschlafeneren Menschen sind und man so lange im Bett bleiben sollte, wie man will!«

Das Lebensfeuer bestätigt diese Sicht, im Folgenden zwei Messungen. Die erste von einer Person, die zu wenig schläft, sich in der Nacht nicht mehr richtig erholt, und die zweite von einer Person mit genügend und erholsamem Schlaf.

Im ersten Beispiel können wir Folgendes erkennen:

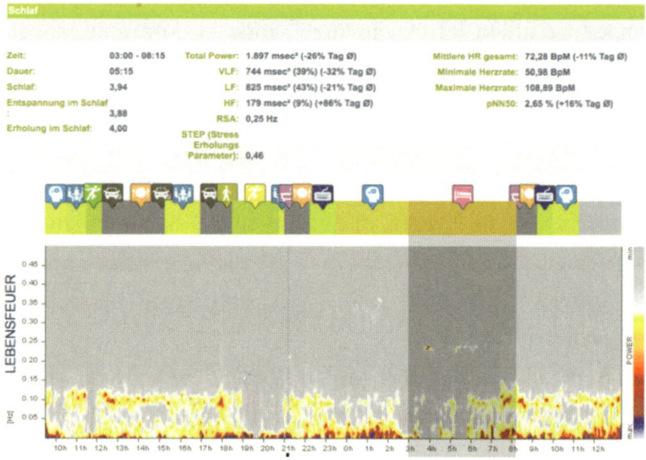

- Die Person schläft nur 5 Stunden und 15 Minuten.
- HR 72,28: Ein Minus von 11 Prozent zum Tagesdurchschnitt. Das zeigt, dass der Organismus nicht so recht entspannt und immer noch auf Leistung eingestellt ist.
- pnn 50 plus 16 Prozent zum Tagesdurchschnitt: Zeigt, dass der Vagus etwas aktiviert wird, aber sehr bescheiden für den Schlaf.
- HF plus 86 Prozent: Zeigt, dass die Vagus-Aktivierung auch bescheiden ist im Vergleich mit jemandem, der genügend und guten Schlaf hat.
- LF minus 21 Prozent: Deutet schon leicht auf einen Erschöpfungsschlaf hin, der hier vor allem am Anfang sichtbar wird, und zeigt, dass keine mentale Verarbeitung im Schlaf stattfindet.

- VLF minus 32 Prozent: Erhärtet den Verdacht des Erschöpfungsschlafs und zeigt, dass die Durchblutung der Unterhaut und Muskulatur nicht optimal ist und so wenig Abfall entsorgt werden kann.
- Total Power 1.897, minus 26 Prozent: Hier läuft nicht viel.
- Sie sehen links unten Erholung im Schlaf Note 4,00.
- Und darüber Entspannung im Schlaf Note 3,88.

Note 1 ist die beste Note, 5 die schlechteste.

Sie können auch erkennen, das die Person tagsüber ihre Energie nicht aus Freude und Begeisterung holt (Löcher im Bereich 0,05 Hz), sondern alles über ihre mentale Stärke macht (starke Detektionen im Bereich 0,10), was in der Kombination zu einem Substanzverlust führt.

Jetzt schauen wir uns ein Bild einer Person an, die genügend und guten Schlaf hat:

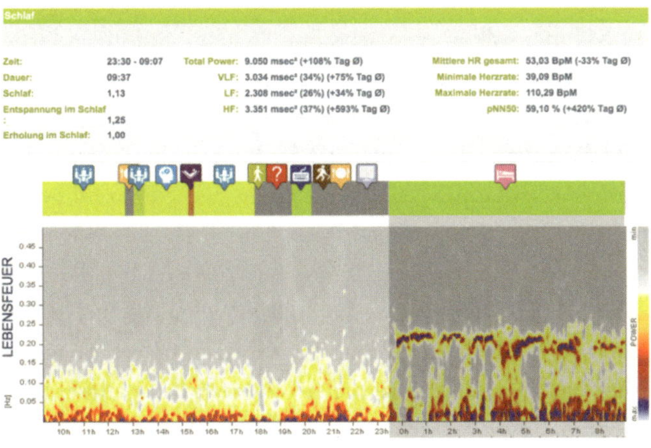

- Die Person schläft 9 Stunden und 37 Minuten.
- HR 53,03 minus 33 Prozent: Der Körper ist entspannt.
- pnn 50 plus 420 Prozent: Parasympathikus mit Vagusnerv sind richtig aktiviert.
- HF plus 593 Prozent: Starke Vagusaktivität, Atmung und Herzschlag sind in Harmonie, Regeneration findet statt.
- LF plus 34 Prozent: Mentales wird verarbeitet.
- VLF plus 75 Prozent: Durchblutung läuft, Abfallprodukte werden abgetragen.
- Total Power 9.050, plus 108 Prozent: Da geht was ab.
- Entspannung im Schlaf Note 1,25.
- Erholung im Schlaf Note 1,00.

Sie sehen also, das ist nicht nur dummes Geschwätz, dass wir im Schlaf den Vagusnerv trainieren, sondern anhand der Abbildungen wird klar, wie wichtig Schlaf für uns und unsere Produktivität ist.

Männer sollten etwa acht, Frauen neun und Jugendliche zehn Stunden Schlaf pro Tag haben. Es gibt auch hier Ausnahmen, 7 Prozent der Bevölkerung kommen mit vier bis fünf Stunden am Tag aus und 13 Prozent brauchen zehn Stunden Schlaf pro Tag. Wenn Sie zu den 7 Prozent gehören, die nur wenig Schlaf brauchen, super für Sie, aber schauen Sie die restlichen 93 Prozent der Weltbevölkerung nicht als faul und träge an, sondern genießen Sie einfach die Voraussetzungen, die Ihnen das Leben zur Verfügung gestellt hat. Für alle, die zu den 13 Prozent der Langschläfer gehören, lassen Sie sich von niemandem die Freude am langen Schlafen nehmen, tun Sie das ohne schlechtes Gewissen und dem Gefühl, faul zu sein, denn Sie haben einen Organismus bekommen, der bei genügend Schlaf so produktiv ist, dass er sein Arbeitspensum in kürzerer Zeit als andere erledigen kann.

Schlafmangel hat großen Einfluss auf unser Befinden und trotzdem schlafen die meisten von uns ein bis zwei Stunden pro Tag zu wenig. Ein Powernap ist eine gute Variante, um es auszugleichen. Powernap bezeichnet einen Kurzschlaf außerhalb der nächtlichen Hauptschlafphase. Am bekanntesten ist er in Form des Mittagsschlafes. Nach Meinung von Schlafforschern erhöht sich durch einen kurzen Tagesschlaf die Konzentrations-, Leistungs- und Reaktionsfähigkeit.

Um vom täglichen Stress abschalten zu können, bieten fernöstliche und US-amerikanische Firmen eigene Ruheräume an. Durch die kurze Schlafphase sollen Mitarbeiter neue Energie tanken.

Hierbei sollte jedoch vermieden werden, länger als 20 Minuten zu schlafen. Ein paar Minuten Schlaf zu Mittag steigern aber nicht nur die Leistungsfähigkeit, sondern senken auch das Risiko, einen Herzinfarkt zu erleiden. Einer griechischen Studie mit 23 500 Probanden zufolge senkt der Mittagsschlaf das Herzinfarktrisiko um 37 Prozent.

Schauen wir uns einmal die Wirkung eines Mittagsschlafs im Lebensfeuer von Autonom Health an und überprüfen, ob der Mittagsschlaf wirklich so gut ist und ob auch er ein Training für unseren Vagusnerv darstellt.

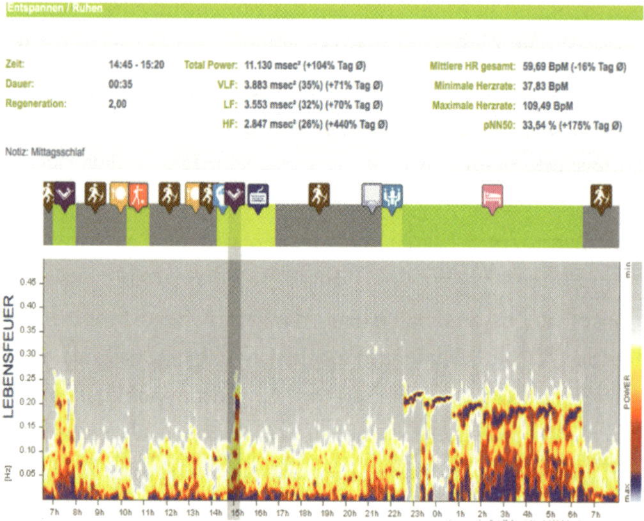

- Die Person schläft 35 Minuten.
- HR 59,69 minus 16 Prozent: Der Körper ist entspannt und auf Ruhe eingestellt.
- pnn 50 plus 175 Prozent: Vagusaktivität deutlich sichtbar.
- HF plus 440 Prozent: Die Atmung ist frei, Vagus sehr aktiv, Herz und Atmung sind in Harmonie.
- LF plus 70 Prozent: Mentales wird verarbeitet.
- VLF plus 71 Prozent: Die Unterhaut und Muskulatur wird gut durchblutet und Abfallstoffe werden abtransportiert.
- Total Power 11.130, plus von 104 Prozent.

Es sieht so aus, als wäre der Mittagsschlaf nicht für die Faulen, sondern für die Gescheiten. Wir können damit der Sympatikusaktivität in der Mitte des Tages eine kurze Pause gönnen und unserem Parasympathikus Platz zur Entfaltung bieten, um unsere Batterien für die zweite Tageshälfte aufzuladen, damit wir auch abends noch Energie haben. Schauen Sie sich kurz noch mal das Lebensfeuer ab 20.30 Uhr der Person mit dem Mittagsschlaf an, dann wissen Sie, was ich damit meine.

Ein Phänomen, das viele kennen, ist, dass Sie nach dem Mittagessen müde sind, wir denken dann sofort, dass mit uns etwas nicht in Ordnung ist oder wir das Essen umstellen müssten. Doch das ist meistens nicht der Fall, sondern es ist ein natürlicher Rhythmus, dem wir als lebendiges rhythmisches Wesen einfach unterlegen sind, und das uns nur zeigt, dass wir kurz innehalten und unserem Organismus eine Ruhepause gönnen sollten. Würden wir nur 20 Minuten dafür opfern, könnten wir schon um 16 Uhr nach Hause fahren, weil wir viel produktiver wären. Wir hätten dann auch noch Energie genug, um unsere Freizeit zu genießen. Aber ich weiß, 20 Minuten am Tag zu verlieren, ist schon sehr unverantwortungsvoll in unserer Welt des Wachstums.

Der Vagusnerv wird aber auch über Herzgefühle aktiviert. Gefühle wie Liebe, Freude, Zufriedenheit, Wertschätzung, Mitgefühl, Anteilnahme aktivieren und verändern nicht nur die Aktivität des parasympatischen Nervensystems zum Positiven, sie reduzieren auch die Produktion von Kortisol, einem Stresshormon, das, wie Sie schon früher gelesen haben, unsere Körper bei zu starker Dosis regelrecht verbrennt.

Mit Herzgefühlen hingegen wird die Produktion von DHEA angeregt, dieses wirkungsvolle Hormon hemmt die Kortisol-Produktion und wirkt sich schützend und regenerativ auf viele Körpersysteme aus. Man nimmt sogar an, dass es dem Alterungsprozess entgegenwirkt. Der Alterungsprozess scheint sehr viel mit unserem Umgang mit Stress zu tun zu haben, bei den Lebensfeuermessungen von Autonom Health kann man das am biologischen Alter ablesen, das aus den Millionen von Daten, die über die 24 Stunden der Messung gesammelt wurden, errechnet wird. Und da gibt es zum Teil große Differenzen zwischen dem kalendarischen und dem biologischen Alter.

Man kann aber gerade bei diesem Parameter feststellen, wie dankbar und schnell unser Organismus auf ein gutes Stressmanagement reagiert. Das konnte ich gerade in der letzten Woche feststellen, als ich mit meiner Frau Melanie und unserer Freundin, der Yogalehrerin Ivana, eine »Stressfreie Glückliche Mallorca-Woche« abhielt. Dort nutzten wir den Donnerstag, um bei zwei der Teilnehmer das Lebensfeuer zu messen und mit dem zu vergleichen, das sie vor dieser Woche gehabt hatten. Die Unterschiede waren erstaunlich und unerwartet, aber schön. Alle Parameter waren deutlich verbessert und bei der einen Person reduzierte sich das aktuelle biologische Alter um drei Jahre, bei der anderen sogar um zehn Jahre. Was nicht schlecht ist für ein paar Tage Vagustrainingslager. Spannend war, dass ich am Tag vor der Messung der Person, die bei der Messung ihr biologisches Alter um zehn Jahre reduzierte, am Pool nach den Atemübungen, als wir so am Reden waren und ich sie anschaute, sagte, dass sie zehn Jahre jünger aussehe als am Anfang der Woche. Sie lachte nur und dachte wohl, ja, ja, red du nur, so ein Quatsch, verarschen kann ich mich selber, aber siehe da, am anderen Tag kam genau dieses Resultat zum Vorschein.

»Wenn wir aus dem Herzen heraus leben, steigt auch die Konzentration von IgA (Immunglobulin A), einem wichtigen Antikörper, der im Speichel nachgewiesen werden kann und die erste Abwehrlinie des Immunsystems bildet. Erhöhte IgA-Spiegel machen uns widerstandsfähiger gegen Infektionen und Erkrankungen. Zahlreiche Studien haben ergeben, dass das Gefühl, geliebt und umsorgt zu werden, und die Tatsache, dass wir uns gleichzeitig um die Menschen um uns herum kümmern, unsere Gesundheit und Lebenserwartung stärker erhöhen als körperliche Faktoren wie Alter, Blutdruck, Cholesterinwerte oder Rauchen. Unser Gehirn arbeitet besser, das vegetative Nervensystem kommt ins Gleichgewicht, der Blutdruck sinkt, die Konzentration der Hormone, die Stress entgegenwirken, nimmt zu, und unsere Immunfunktion verbessert sich, wenn wir unser Herz sprechen lassen. Deshalb überrascht es auch nicht, dass unser Körper bis auf die zelluläre Ebene ein Gefühl des Wohlbefindens verspürt. Leben wir aus dem Herzen heraus und vertrauen unserer Intuition, geht es uns mental und emotional besser. Langfristig überträgt sich das auf die körperliche Gesundheit. Das Beste daran ist, dass jeder und jede von uns diese Wirkung erzielen kann.«

(Childre/Martin, Seite 220)

Fallbeispiele des HeartMath Instituts haben Verbesserungen bei verschiedenen Erkrankungen und Störungen gezeigt, dazu gehören Herzrhythmusstörungen, Mattigkeit, Autoimmunerkrankungen, Erschöpfung des Nervensystems, Ängstlichkeit, Depression und posttraumatische Stressbeschwerden. Bei Gesunden wurden in nur einem Monat signifikante positive Veränderungen des hormonellen Gleichgewichts gemessen, wenn sie anfingen, die Atemübungen des HeartMath Instituts zu praktizieren. Um diese Ergebnisse zu erzielen, brauchen wir »nur« den Zugang zu unseren Herzen.

Das HeartMath Institut hat im Laufe der Jahre einige sehr effektive Techniken entwickelt, die uns helfen, vom Kopf auf das Herz umzuschalten. Dadurch werden die Muster unseres Herzrhythmus und seine Variabilität kohärenter, was wiederum eine zunehmende Kohärenz aller Systeme im Körper zufolge hat.

Ich versuche, allen Menschen gegenüber
aufrichtig zu sein, selbst den Chinesen gegenüber.
Wenn ich Feindseligkeit, Zorn oder Hass entwickle,
wer ist dann der Leidtragende? Ich verliere
meine Zufriedenheit, meinen Schlaf
und meinen Appetit, aber die Chinesen
stören meine Gefühle nicht im Geringsten.

DALAI LAMA

HeartMath Atemtechniken

Ich werde Ihnen nun die Techniken, die ich in meiner Ausbildung zum HeartMath Coach gelernt habe, vorstellen. Sie können Ihnen helfen, ein besseres Stressmanagement zu haben.

Dass die Atemübungen des HeartMath Instituts gute Wirkung erzielen, konnte ich in unserer »Stressfreie Glückliche Woche« in Mallorca ein weiteres Mal überprüfen. Bei der Messung einer Person beim ersten Mal üben der schnellen Kohärenz sah ihr Lebensfeuer so aus:

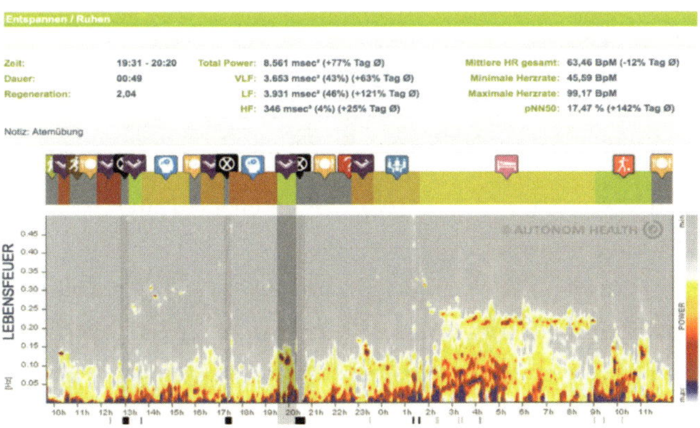

Das Bild mit den Daten spricht eine deutliche Sprache.

- HR minus 12 Prozent: Sie ist entspannt.
- pnn 50 plus 142 Prozent: Der Vagus ist aktiviert und sie zahlt auf ihr Stressresistenzkonto eine Menge ein.
- HF plus 25 Prozent: Der Vagus und die Inspiration arbeiten.
- LF plus 121 Prozent: Sie ist mit Freude und Begeisterung bei der Sache.
- VLF plus 63 Prozent: Unterhaut und Muskulatur werden sehr gut durchblutet.
- Total Power 8.561, plus 77 Prozent zum Tagesdurchschnitt: Da freut sich der Organismus.

Dieses Beispiel zeigte mir einmal mehr, mit wie wenig Aufwand wir uns viel Gutes tun können, wenn wir es mit einer entspannten, fröhlichen, inneren Haltung machen.

Wollen Sie sich auch etwas Gutes tun? Dann nichts wie los zu den nun folgenden Atemübungen.

1. Neutral

Mit dieser Technik können Sie den Teufelskreis von Stress durchbrechen und sich selbst in einen neutralen, ruhigen Zustand versetzen.

Neutral wurde entwickelt, um die geistige, emotionale und physische Abwärtsspirale zu durchbrechen, die durch Stressreaktionen ausgelöst wird. Sie gewinnen wieder Klarheit und Objektivität, treffen bessere Entscheidungen und stoppen den schädlichen Einfluss unangenehmer Emotionen, die an der Stressreaktion beteiligt sind. Um die schädlichen Folgen von Stress auf unsere Körper zu stoppen, müssen wir uns neutral *fühlen*. Es reicht nicht, lediglich neutral zu *denken*, um Einfluss auf die Geschehnisse in unserem Körper zu nehmen.

Atmung und Herzrhythmus sind eng miteinander verbunden. Wenn Sie bewusst und ruhig in gleichmäßigem Tempo tief ein- und wieder ausatmen, steigt und fällt Ihre Herzfrequenz ganz regelmäßig, was zeigt, dass Sympathikus und Parasympathikus harmonisch miteinander arbeiten.

Wenn wir bewusst tief einatmen und den Atem dann sozusagen loslassen, bringen wir Ordnung in unser autonomes Nervensystem und sorgen für einen harmonischen und kohärenten Herzrhythmus, der das Wohlbefinden stärkt und die Gesundheit fördert.

Richten wir unsere Aufmerksamkeit in den Bereich rund um unser Herz und atmen auf besondere Art und Weise ein und aus, werden die gedanklichen, emotionalen, körperlichen und verhaltensbezogenen Stressreaktionen durchbrochen. Ihr Herzrhythmus wird kohärenter. Es entsteht eine neutrale Ausgangssituation, in der Sie jetzt frei sind, eine Entscheidung zu treffen, anstatt nur automatisch zu reagieren.

Ablauf

Neutral besteht aus zwei einfachen Schritten:

Richten Sie Ihre Aufmerksamkeit auf das Gebiet rund um Ihr Herz.

Stellen Sie sich vor, wie Sie durch Ihr Herz sanft und tief ein- und ausatmen.

Das ist schon alles, was Sie machen müssten, um in einer Stresssituation wieder zu sich zu kommen, um bewusst, klar und überlegt handeln zu können. Versuchen Sie es einmal, es könnte sich lohnen und Sie dahingehend motivieren, dass Sie sich diese Eigenschaft zu eigen machen wollen. So können Sie Ihren Herzrhythmus schnell und überaus effizient in einen harmonischen Zustand bringen und Stress schon bei seiner Entstehung direkt umwandeln und abbauen. Darüber hinaus verstärkt es die Sauerstoffzufuhr ins Blut und somit die Energieversorgung unseres Organismus.

2. *Schnelle Kohärenz*

Herzgefühle lassen den Körper Hormone produzieren, die sich förderlich auf unsere Gesundheit auswirken.

Wenn Sie zu der Übung Neutral jetzt noch ein angenehmes Gefühl (Herzgefühl) hinzugeben, profitieren Sie zusätzlich von diesem Effekt.

Mit dieser schnellen Kohärenzübung bringen Sie nicht nur Ihr autonomes Nervensystem in Harmonie, sondern veranlassen auch Ihr Hormonsystem, Antistress-, Glücks- und Verjüngungshormone auszuschütten. Mit der schnellen Kohärenz profitieren Sie gleich doppelt.

Das ist meine Lieblingsübung, die mir mittlerweile in Fleisch und Blut übergegangen ist, da ich sie immer und immer wieder praktiziere. Wenn Sie nur Lust oder Zeit für eine Übung haben, dann kann ich Ihnen die Schnelle Kohärenz ans Herz legen.

Ablauf
Richten Sie Ihre Aufmerksamkeit auf das Gebiet rund um Ihr Herz.

Stellen Sie sich vor, wie Sie durch Ihr Herz sanft ein- und ausatmen.

Lösen Sie nun ein angenehmes Gefühl (Herzgefühl) in sich aus.

Denken Sie an etwas Schönes oder an eine Situation, an die Sie sich gern erinnern. Richten Sie Ihre Aufmerksamkeit auf etwas, das ein Lächeln auf Ihre Lippen zaubert und Ihnen ein wohliges warmes Gefühl gibt.

Was das ist, ist egal, wichtig ist nur, wie es sich anfühlt!

3. *Fokussiertes Atmen*

Auch eine Atemübung, die ich sehr gern praktiziere, sie dient dazu, das Nervensystem sowie Herz-, Kopf- und Bauchgehirn zu synchronisieren. Fokussiertes Atmen ordnet Emotionen, hormonelle Reaktionen und die neuronalen Schaltkreise in neuen Mustern, dadurch ist es möglich, neue, produktive Einstellungen und Verhaltensweisen auf physiologischer Ebene zu verankern und den starren unproduktiven Einstellungen und Verhaltensweisen die Energie zu entziehen. Was dazu führen kann, dass diesen langsam, aber sicher die Luft ausgeht und sie verschwinden.

Ansonsten kämpfen wir gegen sie an und wollen sie loswerden, was eher dazu führen würde, dass wir ihnen nur noch mehr Energie durch unsere Aufmerksamkeit geben.

Während der Übung lassen wir sie einfach sein, und wenn sie auftauchen, lenken wir unsere Energie auf das fokussierte Atmen. Damit geben wir unsere Aufmerksamkeit und Energie dafür her, unsere Emotionen, hormonellen Reaktionen und neuronalen Schaltkreise in neue produktive, gesunde Bahnen zu lenken.

Warum noch niemand darauf gekommen ist, dass wir uns diesen Mechanismus, der bei den Experimenten von Dr. Emoto zum Vorschein kam, dass Gleichgültigkeit den größten Schaden anrichtet, zunutze machen können bei Einstellungen und Verhaltensweisen, die wir loswerden wollen, wundert mich sehr. Denn dieser Mechanismus wirkt. Wenn wir es schaffen, die Einstellungen und Verhaltensweisen, die uns in unserem Leben behindern, gleichgültig anzunehmen und sie einfach nur sein zu lassen, werden sie langsam, aber sicher wie von Zauberhand verschwinden.

Ablauf

Konzentrieren Sie sich beim Einatmen auf Ihr Herz und beim Ausatmen auf Ihren Solarplexus – den Bereich des Sonnengeflechts zwischen den unteren Rippen und dem Bauchnabel. Sie können als Hilfe Ihre Hände auf Herz und Solarplexus legen, um Ihre Aufmerksamkeit in diesen Bereich zu lenken. Mit dem fokussierten Ein- und Ausatmen durch Herz und Solarplexus beruhigen Sie Ihre Gedanken.

Aktivieren Sie nun ein Herzgefühl und atmen Sie dieses durch Ihr Herz ein und durch Ihren Solarplexus aus. Dank dieses Gefühls entsteht eine positive Verbindung zwischen Herzgehirn und Bauchgehirn und eine neue, neurologische Verknüpfung.

Sie müssen dieses wohlig warme Herzgefühl wirklich fühlen und es sich nicht nur im Kopf vorstellen. Denn ein Gefühl hat nur dann die Kraft zur Transformation, wenn es mit genügend emotionaler Energie geladen ist.

Sie können auch konstruktive Eigenschaften wie zum Beispiel Mut, Selbstvertrauen, Gelassenheit, Stabilität, Stärke, Zuversicht oder Toleranz etc. durch Ihr Herz und Ihren Solarplexus ein- und ausatmen, damit diese sich in Ihrem neuronalen Schaltkreis verankern können.

Wenn Sie eine neuronale Autobahn für Ihre konstruktiven Eigenschaften bauen wollen und Ihnen ein Trampelpfad zu wenig ist, dann kann ich Ihnen nur ans Herz legen, das fokussierte Atmen oft einzusetzen. Das Schöne bei dieser Übung ist, dass wir sie überall und immer durchführen können. Wenn die Sitzung wieder einmal zäh wie Kaugummi ist, sit back and relax und atmen Sie, was immer Sie möchten, durch Ihr Herz ein und durch Ihren Solarplexus aus, keiner wird es merken.

Das fokussierte Atmen schafft nach und nach auf einer tiefen Ebene eine Verbindung zwischen Herz, Kopf und Bauch und sorgt für eine positive Neuverschaltung der verschiedenen Systeme, damit sie optimal miteinander arbeiten können.

4. Die Heart-Lock-In-Technik

Tun Sie sich und der Welt etwas Gutes mit der Heart-Lock-In-Atemübung des HeartMath Instituts, indem Sie Herzgefühle in alle Zellen Ihres Körpers und in die Welt hinaus senden. Sie können mit dieser Atemübung sich selbst, Menschen, Tieren, Situationen, die etwas herzliche Unterstützung brauchen, etwas Gutes tun. Die Übung ist wie ein Gebet, einfach ohne Worte, dafür aber mit viel Gefühl.

Sie regeneriert Ihr gesamtes System und lässt es auftanken. Die Untersuchungen des HeartMath Instituts haben gezeigt, dass durch die Heart-Lock-In-Herzübung der Cortisolspiegel im Organismus sinkt und der DHEA-Wert steigt. Das geht einher mit einem deutlichen Nachlassen von Stress und negativen Emotionen sowie einer Steigerung der Vitalität.

Sie trainieren und organisieren Ihr Nervensystem, Ihre Zellen, Organe und Ihr bioelektrisches System neu. Je länger Sie mit Ihrer Aufmerksamkeit bei Ihrem Herzgefühl bleiben können, desto stärker wird diese Veränderung sein.

Ablauf

Finden Sie einen ruhigen Ort, schließen Sie Ihre Augen und entspannen Sie sich.

Richten Sie Ihre Aufmerksamkeit auf Ihre Herzgegend.

Atmen Sie durch Ihr Herz ein und aus.

Aktivieren Sie nun ein wohlig warmes Herzgefühl, das Ihnen ein Lächeln auf die Lippen zaubert. Atmen Sie dieses Gefühl jetzt durch Ihr Herz ein und aus.

Stellen Sie sich vor, wie beim Einatmen dieses Herzgefühl der Liebe sich in jeder Zelle Ihres Körpers ausbreitet und beim Ausatmen sich Ihr Herzgefühl der Liebe in die Welt ausdehnt. Sie können es auch spezifisch an eine Person, ein Tier oder eine Situation richten.

Gute Zeiten für die Heart-Lock-In-Übung sind morgens direkt nach dem Aufwachen und abends vor dem zu Bett gehen. Verbinden Sie sich mit Ihrem Herzen und schicken Sie jedem Körperteil, jeder Zelle und jedem Lebensbereich Liebe, Wertschätzung und Fürsorge. Das ist ein wunderbarer Start und ein schönes Ende des Tages und sorgt dafür, dass Ihre Verbindung zu Ihnen selbst immer besser wird. Darüber hinaus erzeugt sie Kohärenz, was sich wiederum sehr positiv auf Ihren Körper, Ihre Gesundheit, Ihr Energieniveau, Ihr Denkvermögen und Ihre Intuition auswirkt.

Je mehr Gutes Sie für sich tun, desto besser wird Ihr Verhältnis zu Ihnen selbst, und das ist die wichtigste Voraussetzung für ein gelungenes Leben!

5. *Die Freeze-Frame-Atemübung*

Mit der Freeze-Frame-Atemübung versuchen wir in Kontakt mit unserem Herzen und unserer Intuition zu kommen, um in einer Stresssituation, in der wir nicht mehr wissen, was wir tun sollen, eine Auszeit zu nehmen, um zur Klarheit zu kommen. Diese Übung kann uns helfen, eine konstruktive Lösung dieser Situation zu finden.

Mit dieser Übung wird die automatische Stressreaktion unterbrochen, unsere Wahrnehmung und Einstellung kann auf Kohärenz umschalten, wir können klar denken und entscheiden. Körperlich bringen wir damit den Herzrhythmus und die beiden Äste des vegetativen Nervensystems ins Gleichgewicht, dadurch arbeiten unsere Systeme besser zusammen. Der Name »Freeze Frame« stammt aus der Filmsprache und bedeutet Standbild. Das heißt, Sie können mithilfe der Übung die Stressreaktion anhalten und genauer erkennen, was gerade in Ihnen vor sich geht. Dann wenden Sie sich an die Intelligenz Ihres Herzens, um nach einer besseren Lösung für die Situation zu suchen, indem Sie sich fragen: »Wie würde mein Herz reagieren?« Sie schalten damit Ihre Sichtweise um und können auf eine tiefere Quelle der Intuition und Kraft zurückgreifen.

Ablauf

Nehmen Sie sich eine Auszeit, damit Ihnen bewusst werden kann, was gerade in Ihnen vorgeht, und gewinnen Sie für einen Moment Abstand von Ihren stressigen Gedanken und Gefühlen.

Richten Sie Ihre Aufmerksamkeit auf Ihre Herzregion.

Spüren Sie, wie Ihr Atem durch das Herz ein- und durch den Solarplexus wieder ausströmt.

Erinnern Sie sich an ein wohlig warmes Gefühl oder eine Situation, ein Mensch oder ein Tier, das Ihnen ein Lächeln auf die Lippen zaubert, und lassen Sie dieses Gefühl durch Ihr Herz ein- und durch Ihren Solarplexus ausströmen.

Wenn Sie sich beruhigt haben und kohärent sind, fragen Sie sich, was Ihr Herz oder die Liebe in dieser Situation machen würde.

Nehmen Sie sanft, aber achtsam wahr, welche spontanen Gedanken, Bilder oder Gefühle in Ihnen hochkommen. Wenn sich nichts rührt, keine Bange, meistens trifft einen der Geistesblitz dann, wenn man ihn am wenigsten erwartet. Wichtig für Sie ist nur, dass Sie Ihrem Organismus die weiße Fahne zeigen und ihm über Ihren sanften, ruhigen, tiefen Atem zu verstehen geben, dass Sie in der Höhle vor dem Feuer in Sicherheit sind.

Sie brauchen diese Technik nicht Ihr ganzes Leben lang anwenden, auch wenn es eine angenehme Übung ist. Das Ziel ist, sie zu einer neuen Gewohnheit zu machen, sodass sie irgendwann automatisch abläuft, sobald Sie unter Stress geraten. Die Schritte gehen nach einer Weile automatisch ineinander über und bilden einen Fluss. Je häufiger Sie die Übung machen, desto stärker werden die Schritte im Herzen verankert sein, und desto mehr wird die Kohärenz Ihr Grundgefühl oder Seinszustand sein. Dadurch kommt es zu einer dauerhaften Verlagerung Ihres Bewusstseins, weg vom Verstand, hin zu Ihrem Herzen. In diesem Zustand ist es dann unangenehm, nicht mit dem Herzen und seiner Intelligenz verbunden zu sein und die üblichen Dauergedanken und -gefühle sind dann stressig und nicht mehr stimmig. Liebe wird nun Ihr Grundgefühl sein, statt Anspannung und Angst.

Diese einfache Technik erzeugt in fünf Schritten eine harmonische Beziehung zwischen Kopf und Herz. Sie gestattet uns, das nächste Bild im Film mit einer ausgeglicheneren und einsichtsvolleren Sichtweise zu fokussieren, um intelligent durchs Leben zu gehen. Sie hilft uns, Stress zu reduzieren und uns nicht mehr selbst zu vergiften: stattdessen macht sie uns selbstsicher. Mit etwas Übung können Sie die Intelligenz Ihres Herzens systematisch in Ihren Alltag integrieren. Wenn wir eine neue körperliche Fertigkeit lernen – wie Tennis, Tanzen, sogar gefährlichere wie Fallschirmspringen –, wird uns der Lehrer wahrscheinlich ermahnen, uns zu entspannen und mit der Bewegung der Sportart mitzugehen. Gute Lehrer wissen, dass wir leichter Zugang zu unseren natürlichen Fähigkeiten haben, wenn unsere Körper frei von Anspannungen sind und wenn wir ausgeglichen sind – wenn Kopf und Herz zusammenarbeiten. Die besten Sportler sind diejenigen, die sich während der Anspannung entspannen können und mit ihrer Aufgabe verschmelzen.

Sobald Sie diese Ausgewogenheit zwischen Kopf und Herz erreichen, verbessert sich Ihre Leistung sichtlich.

Sie werden feststellen, dass Sie eine Quelle der Regeneration in sich tragen, auf die Sie jederzeit zugreifen können. Wenn Sie eine Verbindung zu Ihrem Herzen und seiner Intelligenz aufnehmen, dann erhöht sich die Kohärenz in Ihrem gesamten Organismus. Das wirkt sich auf jeder Ebene positiv aus und Sie können sich erholen und regenerieren.

Nachwort

»Das Paradox unserer Zeit ist:

Wir haben hohe Gebäude, aber eine niedrige Toleranz, breite Autobahnen, aber enge Ansichten. Wir verbrauchen mehr, aber haben weniger, machen mehr Einkäufe, aber haben weniger Freude. Wir haben größere Häuser, aber kleinere Familien, mehr Bequemlichkeit, aber weniger Zeit, mehr Ausbildung, aber weniger Vernunft, mehr Kenntnisse, aber weniger Hausverstand, mehr Experten, aber auch mehr Probleme, mehr Medizin, aber weniger Gesundheit.

Wir rauchen zu stark, wir trinken zu viel, wir geben verantwortungslos viel aus; wir lachen zu wenig, fahren zu schnell, regen uns zu schnell auf, gehen zu spät schlafen, stehen zu müde auf; wir lesen zu wenig, sehen zu viel fern, beten zu selten.

Wir haben unseren Besitz vervielfacht, aber unsere Werte reduziert. Wir sprechen zu viel, wir lieben zu selten und wir hassen zu oft.

Wir wissen, wie man seinen Lebensunterhalt verdient, aber nicht mehr, wie man lebt.

Wir haben dem Leben Jahre hinzugefügt, aber nicht den Jahren Leben. Wir kommen zum Mond, aber nicht mehr an die Tür des Nachbarn. Wir haben den Weltraum erobert, aber nicht den Raum in uns. Wir machen größere Dinge, aber keine Besseren.

Wir haben die Luft gereinigt, aber die Seelen verschmutzt. Wir können Atome spalten, aber nicht unsere Vorurteile.

Wir schreiben mehr, aber wissen weniger, wir planen mehr, aber erreichen weniger. Wir haben gelernt, schnell zu sein, aber wir können nicht warten. Wir machen neue Computer, die mehr Informationen speichern und eine Unmenge Kopien produzieren, aber wir verkehren weniger miteinander.

Es ist die Zeit des schnellen Essens und der schlechten Verdauung, der großen Männer und der kleinkarierten Seelen, der leichten Profite und der schwierigen Beziehungen.

Es ist die Zeit des größeren Familieneinkommens und der Scheidungen, der schöneren Häuser und des zerstörten Zuhause.

Es ist die Zeit der schnellen Reisen, der Wegwerfwindeln und der Wegwerfmoral, der Beziehungen für eine Nacht und des Übergewichts.

Es ist die Zeit der Pillen, die alles können: sie erregen uns, sie beruhigen uns, sie töten uns.

Es ist die Zeit, in der es wichtiger ist, etwas im Schaufenster zu haben, statt im Laden, wo moderne Technik einen Text wie diesen in Windeseile in die ganze Welt tragen kann, und wo Sie die Wahl haben: das Leben ändern – oder diesen Text und seine Botschaft wieder zu vergessen.

Denkt daran, mehr Zeit denen zu schenken, die Ihr liebt, weil sie nicht immer mit euch sein werden. Sagt ein gutes Wort denen, die euch jetzt voll Begeisterung von unten her anschauen, weil diese kleinen Geschöpfe bald erwachsen werden und nicht mehr bei euch sein werden. Schenkt dem Menschen neben euch eine innige Umarmung, denn sie ist der einzige Schatz, der von eurem Herzen kommt und euch nichts kostet. Sagt dem geliebten Menschen: ›Ich liebe dich‹ und meint es auch so. Ein Kuss und eine Umarmung, die von Herzen kommen, können alles Böse wiedergutmachen. Geht Hand in Hand und schätzt die Augenblicke, wo Ihr zusammen seid, denn eines Tages wird dieser Mensch nicht mehr neben euch sein.

Findet Zeit, euch zu lieben, findet Zeit, miteinander zu sprechen. Findet Zeit, alles, was Ihr zu sagen habt, miteinander zu teilen, denn das Leben wird nicht gemessen an der Anzahl der Atemzüge, sondern an der Anzahl der Augenblicke, die uns des Atems berauben.«

BOB MOOREHEAD

Ein Vater zog mit seinem Sohn und einem Esel in der Mittagsglut durch die staubigen Gassen von Keshan. Der Vater saß auf dem Esel, den der Junge führte.

»Der arme Junge«, sagte da ein Vorübergehender. »Seine kurzen Beinchen versuchen mit dem Tempo des Esels Schritt zu halten. Wie kann man so faul auf dem Esel herumsitzen, wenn man sieht, dass das kleine Kind sich müde läuft.«

Der Vater nahm sich dies zu Herzen, stieg hinter der nächsten Ecke ab und ließ den Jungen aufsitzen.

Gar nicht lange dauerte es, da erhob schon wieder ein Vorübergehender seine Stimme: »So eine Unverschämtheit. Sitzt doch der kleine Bengel wie ein Sultan auf dem Esel, während sein armer, alter Vater daneben herläuft.«

Das schmerzte den Jungen und er bat den Vater, sich hinter ihn auf den Esel zu setzen.

»Hat man so was schon gesehen?«, keifte eine Frau. »Solche Tierquälerei! Dem armen Esel hängt der Rücken durch, und der alte und der junge Nichtsnutz ruhen sich auf ihm aus, als wäre er ein Diwan. Die arme Kreatur!«

Die Gescholtenen schauten sich an und stiegen beide, ohne ein Wort zu sagen, vom Esel herunter.

Kaum waren sie wenige Schritte neben dem Tier hergegangen, machte sich ein Fremder über sie lustig: »So dumm möchte ich nicht sein. Wozu führt ihr denn den Esel spazieren, wenn er nichts leistet, euch keinen Nutzen bringt und noch nicht einmal einen von euch trägt?«

Der Vater schob dem Esel eine Handvoll Stroh ins Maul und legte seine Hand auf die Schulter des Sohnes.

»Gleichgültig, was wir machen«, sagte er, »es findet sich doch jemand, der damit nicht einverstanden ist. Ich glaube, wir müssen selbst wissen, was wir für richtig halten.«

(Aus: Peseschkian: *Der Kaufmann und der Papagei*)

Der letzte Satz dieser Geschichte könnte nicht besser zusammenfassen, was wir brauchen, um unsere Essenz – die Liebe – leben zu können. In unserer Welt haben so viele das Gefühl, sie wüssten, was gut für andere ist, und sie müssten anderen sagen, wie sie zu sein hätten und wie sie sein sollten. Nur wenn es uns wirklich nicht interessiert, was andere von uns denken und unser Glück nicht mehr davon abhängt, ob andere uns mögen, gernhaben oder gar lieben, wird unser Leben zu unserer Herzensangelegenheit. Um das aber zu erreichen, müssen wir erkennen, dass wir ganau so, wie wir sind, perfekt sind, auch wenn das im Auge des Betrachters nicht ersichtlich ist.

Wir brauchen diese Zufriedenheit mit uns selbst, um unsere innere Weisheit, unser inneres Wissen nutzen zu können, das ist unser Kompass auf unserer Reise durch dieses Leben. Wenn uns bewusst geworden ist, dass wir immer richtig geführt werden, uns immer zum richtigen Zeitpunkt am richtigen Ort befinden, dann kann alles ein gutes Ende nehmen. Dieses Vertrauen in uns und unser Leben zu finden, ist eine Herkules-Aufgabe, da müssen wir uns nichts vormachen, aber meiner Meinung nach eine lohnende. Diese Zufriedenheit bedeutet die Lebensqualität, die unser Leben verdient hat und die das Wunder des Lebens richtig würdigen kann.

Wenn wir Frieden mit uns geschlossen haben und wir ihn in unser Herzen geschlossen haben, sind wir so stark und stabil, dass die ganze Welt auf uns einprügeln kann, ohne dass unser Lachen unser Gesicht verlässt. Die Welt kann und wird weiterhin versuchen, uns ein schlechtes Gewissen einzureden, dass wir egoistisch sind, weil wir alles tun, was uns guttut, und alles sein lassen, was sich nicht gut für uns anfühlt. Sie wird weiterhin versuchen, uns manipulierbar zu machen, damit sie weiterhin Macht über uns hat, aber wir werden stark bleiben, bei uns bleiben, weil unser Herz, unsere Liebe zu uns, uns von innen wärmt und nährt. Wir gehen so mutig unseren Weg und lassen alle anderen auch ihren Weg gehen, im Wissen, dass nur jeder selbst weiß, was gut und richtig für ihn ist. Und jeden, der sein Herz verschlossen lassen möchte, lassen wir im Wissen sein, dass er sich nur selbst am meisten schadet und so immer in schlechter Gesellschaft ist, auch wenn er allein ist. Wir vertrauen der Intelligenz unseres Herzens und erleben so viele außergewöhnliche Augenblicke in unserem Leben, die für immer unsere sein werden. Selbst der gewöhnliche Alltag, mit dem wir alle konfrontiert sind, wird eine süße Note erhalten, weil wir auch da in guter Gesellschaft sind. Und das Schönste bei der ganzen Sache ist, dass wir endlich durchatmen und in jedem Moment unser Herz sprechen lassen können, ohne uns zu verstecken oder zu verstellen, weil wir einen Zweck damit verfolgen wollen, denn das Einzige, was für uns zählt, ist, dass wir wir selbst sind.

In diesem Sinne wünsche ich Ihnen die Zufriedenheit mit sich selbst, die Stärke und den Mut, Ihrem Herzen zu vertrauen, damit Sie authentisch sein können und mit diesen Eigenschaften das beste und wirkungsvollste Stressmanagement haben, das man sich nur wünschen kann. Ich wünsche auch Ihnen, dass Ihr Leben zu Ihrer Herzensangelegenheit wird, damit die Welt um einen Lichtpunkt reicher ist, von dem alle anderen profitieren können.

Dank

Mein Dank gilt:

- Meiner Familie, die mich immer unterstützt.
- Meiner Verlegerin Sabine Giger für die Unterstützung beim Entstehen dieses Buches.
- Autonom Health mit Andrea und Alfred Lohninger für ihre Unterstützung und die Entwicklung des Lebensfeuers.
- Rainer Krutti von HeartMath Deutschland für seine Unterstützung.
- Bernhard Dätwyler, der für mich eine Quelle der Inspiration ist, der mir immer wieder neue Gedankenanstöße gibt.
- All meinen Klienten, die mir Ihr Vertrauen schenken, sie auf ihrem Weg begleiten zu dürfen.

Über den Autor

Alain Sutter, geboren 1968 in Bern, begann mit 17 Jahren seine Fußballkarriere. Seine Stationen waren Grasshopper Club Zürich, Young Boys Bern, 1. FC Nürnberg, FC Bayern München, SC Freiburg und Dallas Burn (USA). Er spielte 62 Mal für die Schweiz. Die WM 1994 in den USA bezeichnet er als Höhepunkt seiner Karriere.
Von 2004 bis 2017 war er Fussballexperte und Kommentator beim Schweizer Fernsehen. Seit Januar 2018 ist er Sportchef beim FC St. Gallen.

Im Jahr 2013 hat er sein erstes Buch mit dem Titel *Stressfrei glücklich sein* publiziert.

Er arbeitet als Coach im Bereich Stressmanagment, ist Laureus Schweiz Ambassador und unterstützt mit anderen Sportlern in der Schweiz verschiedene soziale Projekte.

www.alainsutter.ch

Literatur

Barrett, William: *Deathbed Visions.* Hove: White Crow Books, 2011 (Erste Auflage 1926).

Braden, Gregg: *Verlorene Geheimnisse des Betens. Die verborgene Kraft von Schönheit, Segen, Weisheit und Schmerz.* Frankfurt: EchnAton Verlag, 2008.

Childre, Doc, Martin, Howard: *Die HerzIntelligenz-Methode. Gesundheit stärken, Probleme meistern mit der Kraft des Herzens.* Kirchzarten b. Freiburg: VAK, 2010.

Childre, Doc, Rozman, Deborah: *Stressfrei mit Herzintelligenz. Gelassen und voller Energie in fünf Schritten.* Kirchzarten b. Freiburg: VAK, 2014.

Currie, Ian: »Die im Sterben liegen: Visionen auf dem Totenbett«, in: ders.: *Niemand stirbt für alle Zeit. Nahtod-Erfahrungen. Berichte aus dem Reich des Todes.* München: Orbis, 2000. S. 149–180.

Emoto, Masuro: *Die Botschaft des Wassers.* Burgrain: Koha, 2010.

Engelmann, Julia: *Eines Tages, Baby: Poetry-Slam-Texte.* München: Goldmann, 2014.

Henning, Bettina: *Der frühe Vogel kann mich mal. Ein Lob der Langschläfer.* Berlin: Ullstein, 2011.

Kirch, Doris: *Handbuch Stressbewältigung. Lernen Sie in fünf*

Schritten, den Tiger zu zähmen. Murnau am Staffelsee: Mankau, 2009.

Kröplin, Bernd: *Welt im Tropfen. Gedächtnis- und Gedankenformen im Wasser. Buch zur Ausstellung*. Institut für Statik und Dynamik der Luft- und Raumfahrtkonstruktionen, Universität Stuttgart. Stuttgart: Gutesbuchverlag, 2001.

Levine, Peter A.: *Trauma-Heilung. Das Erwachen des Tigers. Unsere Fähigkeit, traumatische Erfahrungen zu transformieren*. Essen: Synthesis, 1998.

Lipton, Bruce: *Intelligente Zellen. Wie Erfahrungen unsere Gene steuern*. Burgrain: Koha, 2014.

Marx, Susanne: *Herzintelligenz kompakt. Gesund und gelassen, klar und kreativ*. Kirchzarten b. Freiburg: VAK, 2011.

Nouwen, Henry J. M.: *Die Gabe der Vollendung. Mit dem Sterben leben*. Freiburg: Herder, 1995.

Osis, Karlis, Haraldsson, Erlandur: *Der Tod – ein neuer Anfang. Visionen und Erfahrungen an der Schwelle des Seins*. Freiburg im Breisgau: Bauer, 2001.

Peseschkian, Nossrat: *Der Kaufmann und der Papagei. Orientalische Geschichten in der Positiven Psychotherapie*. Frankfurt am Main: S. Fischer, 2014.

Peters, Markus: *Gesundmacher Herz. Wie es uns steuert, verbindet und heilt. Der geniale Impulsgeber für Körper und Seele*. Kirchzarten b. Freiburg: VAK, 2013.

Saint-Exupéry, Antoine de: *Der Kleine Prinz*. Düsseldorf: Rauch, 2014.

Sutter, Alain: *Stressfrei glücklich sein*. Altendorf: Giger, 2013.

van Lommel, Pim: *Endloses Bewusstsein. Neue medizinische Fakten zur Nahtoderfahrung.* Ostfildern: Patmos, 2014.

Ware, Bronnie: 5 *Dinge, die Sterbende am meisten bereuen: Einsichten, die Ihr Leben verändern werden.* München: Goldmann, 2015.